22,-

DER MALER ANTOINE PESNE
Franzose und Preuße

Helmut Börsch-Supan

Ausschnitt aus dem Bildnis des Malers mit seinen zwei Töchtern vor der Staffelei, 1754, Staatliche Museen Preußischer Kulturbesitz, Gemäldegalerie, Berlin

H. Börsch-Supan

DER MALER
ANTOINE PESNE

Franzose und Preuße

PODZUN-PALLAS

Schutzumschlag:
Die Barbarina, Öl auf Leinwand, 221 cm x 140 cm, um 1745. (B 46 b)

    Staatliche Schösser und Gärten, Berlin, Schloß Charlottenburg.
               Photo: Jörg P. Anders, Berlin

Die Photographien der Tafeln ohne direkt genannte Photographen wurden uns freundlicherweise von den jeweiligen Eigentümern der Gemälde zur Verfügung gestellt oder zeigen Ausschnitte nachgewiesener Abbildungen.

© Copyright 1986
Alle Rechte, auch die des auszugsweisen Nachdrucks, beim
Podzun-Pallas-Verlag GmbH, Markt 9, 6360 Friedberg/H. 3
Farblithos: Franken - Repro GmbH, 8500 Nürnberg
Lichtsatz: Traudel Stapp, Heidi Mangold
Technische Gesamtherstellung: Druckerei Haus, 6450 Hanau/M.
ISBN 3-7909-0274-8

INHALT

EIN WORT ZUVOR	6
ANTOINE PESNE LEBEN UND WERKE	9
VERZEICHNIS DER TAFELN	27
TAFELN	36
QUELLEN	154
ANMERKUNGEN	158
BIOGRAPHISCHE DATEN	159
LITERATURHINWEISE	160

EIN WORT ZUVOR

Alte Bildnisse sind Fenster, aus denen Menschen uns in die Augen sehen, auf uns herabblicken oder uns überhaupt nicht wahrnehmen. Zugleich können wir durch diese Fenster in mehr oder weniger erhellte Innenräume vergangenen Lebens sehen. Ein Auge, das sich an die Dunkelheit gewöhnt hat und sich anstrengt, wird auch hier Vieles entdecken, es wird nicht nur tiefe Einblicke in das Wesen der einzelnen Menschen gewinnen, sondern dazu in die Kultur, der sie angehört haben.

Die Dunkelheit, die viele Porträts umgibt und die ihnen den Reiz eines auf Lösung wartenden Rätsels verleiht, ist teils durch das Vergessen verursacht, durch die alles zerstörende Zeit, der das Porträt als Denkmal entgegenzuwirken trachtet. Oft wissen wir nicht, wer hier verewigt werden wollte. Zum Teil liegt das Dunkel jedoch auch in den Porträts selbst, weil die Porträtierten nicht nur offenbaren, sondern verschweigen, ja sogar lügen. Bildnisse machen Reklame.

Um das Verschwiegene in eine Aussage und das Erlogene in Wahrheit zu verwandeln, bedarf es des verständnisvollen Sehens, das hinter die Masken schaut. Nicht um ein aggressives Entlarven geht es, sondern um Aufklärung. Eindringliches Betrachten bereitet Vergnügen, aber es kann auch Pflicht werden. Die absolutistische Fürstenpropaganda des Staatsporträts lebt im demokratischen Wahlplakat weiter. Das uns umgebende Helldunkel von Menschlichkeit und Macht erfordert aufmerksames Sehen. Aufklärung ist nicht nur der Name einer abgeschlossenen Epoche, sie ist seitdem die Forderung des Tages geblieben. Betrachtung von Porträts ist Beschäftigung mit Menschen, die nicht vergessen werden wollten.

Das 18. Jahrhundert ist das Jahrhundert der Aufklärung, das nicht zuletzt auch viel zur Erhellung der menschlichen Seele beigetragen hat. In der Malerei, die einen nicht geringen Anteil an dieser Bewegung hat, bekennt sich Antoine Watteau am Anfang des Jahrhunderts zu einer neuen Offenheit, die freilich mehr neue Rätsel stellt, als sie alte löst. Aufbruch ist nicht nur das Beschreiten eines neuen Weges, es ist auch das Aufbrechen von Krusten, unter denen Innerliches sichtbar wird. Wenn auch Watteau, den wir heute dank gründlicher Forschungen weit besser als früher kennen, kaum Porträts gemalt hat, so beschäftigt sich seine nachdenkliche Kunst doch vor allem mit dem mit seinen Masken spielenden Menschen. Weil er als Fremder, als Flame, nach Paris kam, konnte er die dortige Gesellschaft genauer sehen als einheimische Künstler. Mit solcher den Blick schärfenden Fremdheit hat Hans Holbein der Jüngere die englische Gesellschaft um Heinrich VIII. beobachtet, und diese den Geist und das Gefühl anstrengende Distanz war es wohl auch, die die Schilderung der protestanischen Kultur Preußens durch den Katholiken und Franzosen Antoine Pesne so überzeugend macht. Pesne, der zum Kreis um Watteau gehörte, ein Jahr älter als dieser war und seine Vorbilder in den gleichen Bereichen der Kunstgeschichte gesucht hat, ging 1710 in dieses Land, das in Deutschland zum Zentrum der Aufklärung werden sollte.

Antoine Pesne, der erste wirklich bedeutende Berliner Maler, hat vor allem Porträts geschaffen. Wenn die Vertreter der Oberschicht Preußens in der wechselvollen und wichtigen Zeit der zu Ende gehenden Herrschaft Friedrichs I. bis zum Ausbruch des Siebenjährigen Krieges uns mit erstaunlicher Lebendigkeit vor Augen stehen, so ist das vor allem dem Können und dem Fleiß dieses Malers zu verdanken. Kein anderes deutsches Land verfügt für diese Zeit über eine ähnlich dichte Dokumentation ihrer führenden Gesellschaftsschicht. Bei den wieder dringender gewordenen Fragen nach dem Wesen Preußens steht der Wert dieser Geschichtsquelle außer Frage.

Pesne war jedoch nicht nur Berichterstatter, Verfertiger von Repräsentationsporträts im Sold eines Hofes, er war Künstler und bewahrte sich stets ein Reservat geistiger Freiheit. Er hat nicht nur Friedrich den Großen gemalt, sondern auch die 18jährige Salzburger Emigrantin Elisabeth Oberbüchler. Zwar geschah dies im Auftrag der Königin Sophie Dorothea, denn einfache Leute hatten keinen Anspruch auf denkmalhafte Würdigung im Porträt, aber das Beispiel zeigt, daß für Pesne die Welt weiter war als der Hof. Animierendes Genre steht am Anfang seiner Laufbahn, Historienmalerei am Ende, und auch die märkische Landschaft hat er in seiner Spätzeit als etwas entdeckt, das zu den von ihm gemalten Menschen gehört.

Es gibt wenig schriftliche Zeugnisse über Antoine Pesne als Mensch. Umso mehr sagen seine Bilder und sein Lebensgang über ihn aus. Er muß ein tüchtiger, liebenswerter, warm empfindender und dabei lebenslustiger Mann gewesen sein. Das vornehmste Denkmal hat ihm kein geringerer als Friedrich der Große gesetzt, der eine Ode auf den Maler schrieb, als dieser ihn mit dem Bildnis seiner Mutter überraschte.

Das Gedicht des Kronprinzen, der drei Jahre später König war, kennzeichnet die Frühlingsstimmung seiner Rheinsberger Jahre, die den alternden Maler begeistern mußte. Es konnte für ihn keine kräftigere Aufmunterung und keine erfreulichere Perspektive für die Zukunft geben als ein solches Lob des Thronfolgers, der ihn mit dem berühmtesten Maler der Antike, mit Apelles, vergleicht. So sehr jedoch Friedrich den Maler erhob und die Rangunterschiede verwischte, es wird doch deutlich, daß er den Maler lenken und ihn dazu bestimmen will, die Stoffe zu malen, die er bevorzugte.

Ein Hofmaler des 18. Jahrhunderts konnte noch kein freier Künstler sein, der sich dort vervollkomnet, wo er seine Stärke findet. Pesnes künstlerischer Rang zeigt sich jedoch nicht zuletzt darin, wie er die Pflicht, seinen Königen zu dienen, mit der, der Kunst zu genügen, in Übereinstimmung brachte. So konnte Pesne nicht nur durch sein Geschick als Maler sondern auch durch seine Gesinnung als Mensch kommenden Künstlergenerationen ein Vorbild sein.

Berlin, im Sommer 1986

Helmut Börsch-Supan

An Antoine Pesne
(November 1737)

Welch Wunder trifft mein Auge! Pesne, dich hebt
Zum Rang der Götter deines Pinsels Stärke.
Alles in deinen Bildern lacht und lebt,
Dein Können übertrifft der Schöpfung Werke.
Aus deiner Hintergründe Schatten steigt
Dein Gegenstand, geklärt von deinen Händen.
Dies ist der Zauber, den die Kunst uns zeigt;
Du weißt durch Skizzen wie Porträts zu blenden.
Wenn einen Helden, den das Volk verehrt,
Du malst mit Augen, die lebendig glänzen,
Sieht man ihn feurig, wie mit Lorbeerkränzen
Er einst aus Schlachten siegreich heimgekehrt.

Wenn du der jungen Iris frische Pracht
Darstellst und ihrer Schönheit seltne Gaben,
Fühl' ich an deinen Farben, welche Macht
Bei meiner Jugend Reiz und Anmut haben.
Doch kann am Stoff dein Werk man wachsen sehn;
Des Urbilds Schönheit lebt in deinen Bildern.
Um unsre hehre Königin zu schildern,
War kein Geringrer gut genug als Pesne.
Die Hoheit ihrer Stirn, ihr fürstlich Wesen,
Ihr sanfter Reiz, ihr Blick, der Zutraun weckt,
Dies all' ist in dem Meisterbild zu lesen,
Bis auf die Tugend, die den Frevler schreckt,

Dem Schuldigen verzeiht und edelmütig
Den Tränen des Bedrückten Halt gebeut;
Ich glaube diese Hand zu sehn, die gütig,
Auch aus der Ferne, Segen rings verstreut.

Bei solchem Anblick, der mir göttlich deucht,
Fühl' Andacht ich und Rührung mich durchdringen,
Wird vor Ergriffenheit mein Auge feucht.
Wie? Kann uns bloß Farbe so bezwingen,
Daß durch die Täuschung deiner Kunst sogleich
Nach kurzem Blick der Geist gerät ins Feuer?
Pesne, wenn nicht Tugend, auch im Bild uns teuer,
Jed' Konterfei dir schmückte doppelt reich,
Dann würd' ich, hadernd mit des Urbilds Fehlern,
Mein Lob für deine Pinselführung schmälern.
Der schöne Stoff läßt deine Kunst erstrahlen,
Apelles nur kann Alexander malen.
Mag auch mit ganzen Könnens Aufgebot
Ein Künstler eines Kaisers Standbild prägen,
Das des Tiberius stürzt man, wenn er tot,
Das des Augustus wird die Liebe hegen.
So schätzte man des Marmors Kunstvollendung,
Nur wenn er guter Kaiser Züge trug.
Für Götzen hielt die wütende Verblendung
Siegreicher Christen, was ihr Haß zerschlug,
Und um des Phidias Namen unbekümmert
Zerbrach man jede Büste, die man fand;
So ward in jener Zeiten Sturm und Brand
Die hehrste Kunst des Altertums zertrümmert.

Die Wahl des Stoffs entscheidet deine Siege;
Glaub' nicht, daß ich verklage dein Talent,
Und daß ich üblen Launen unterliege,
Verkleinernd, was der Ruhm dir zuerkennt.
Doch malte Lancret mir der Hölle Graus
Meinst du, mich würde sein Geschmack ergetzen,
mein Auge hielte Greuel und Entsetzen
Des finstren Tartarus befriedigt aus?
Der Architekt braucht gut Gestein zum Bauen;
Den Maler, wenn ein guter Stoff ihm fehlt,
Trifft Hohn; du, von den Grazien auserwählt,
Laß uns verführerische Reize schauen,
Damit des weilenden Betrachters Blicke
Vor deinem Bild geheime Lust bestricke.
Solch holder Vorwurf bringt Gemälden Heil,
Wenn auch nicht dort, wo Weihrauch ihnen streuen
Die falschen Eiferer, die Sonnenscheuen,
Beschränktheit, Aberglaube, Vorurteil.
Ja, deiner Kunst muß ich Bewunderung spenden;
Doch sie vergöttern? Lachend sag' ich nein.
Laß deine Heiligen mit dem Glorienschein
Und übe dich an lichtren Gegenständen;
Mal' uns der Amaryllis keuschen Tanz,
Halbnackte Grazien, Nymphen waldumsponnen,
Und denk', daß deine Kunst so reich an Wonnen,
Einzig der Liebe Dasein dankt und Glanz.

Übersetzung aus dem Französischen von Thassilo von Scheffer

ANTOINE PESNE — Leben und Werke

Kurfürst Friedrich III. von Brandenburg, der sich 1701 in Königsberg zum König in Preußen krönte und sich seitdem Friedrich I. nannte, hatte den Ehrgeiz, Berlin zur glänzendsten Residenz des Nordens zu machen. Unter den Künstlern, die er für sein Vorhaben gewann, waren zwei von europäischem Rang, der Bildhauer und Baumeister Andreas Schlüter und der Maler Antoine Pesne. Der eine kam aus dem Osten, aus Danzig, der andere aus dem Westen, aus Paris. Jener, um 1660 geboren und schon seit 1694 in Berlin, wurzelt mit seiner Kunst noch ganz in der barocken Gedankenwelt, deren kraftvolle Schönheit Leiden und Leidenschaft durchscheinen läßt, dieser, fast eine Generation jünger und erst seit 1710 in der preußischen Hauptstadt tätig, war das Kind einer Zeit, die, unbeschwert von der Erinnerung an die Glaubenskämpfe des 17. Jahrhunderts, nach neuen Wegen suchte, ohne sich allerdings in der Kunst von den großen Vorbildern dieser Epoche lösen zu können. So besitzt Schlüters Werk in seiner Vollendung und abgeschlossenen Reife etwas Tragisches wie auch das Schicksal des von Neidern gedemütigten Künstlers, während die Malerei Pesnes eine hoffnungsvolle Perspektive in das Jahrhundert der Aufklärung eröffnet und eine neue Humanität verkündet. Beide Künstler gehören verschiedenen Epochen an. Sie müssen voneinander gewußt haben, denn beide waren Mitglieder der 1696 von Friedrich gegründeten Akademie der schönen Künste, aber im Leben und im Werk des Jüngeren findet sich keine Spur eines Einflusses von Seiten Schlüters.

Erst am Ende des Jahrhunderts wurden beide Gestalten mit einem Blick umfaßt. Christian Bernhard Rode, neben Joachim Martin Falbe der tüchtigste Schüler Pesnes, hat durch seine Radierungen nach Bildwerken Schlüters wesentlich dazu beigetragen, daß dessen Ruhm neu erstrahlte. Als Friedrich Nicolai 1779 ein Lexikon Berliner Künstler zusammenstellte, widmete er Schlüter siebeneinhalb Seiten. Über Pesne berichtet er dagegen nur mit sechzehn Zeilen. Schlüter war gewiß der größere der beiden Künstler, aber Pesne wird man zugute halten müssen, daß seine Wirkung weit nachhaltiger als die Schlüters war. Die Berliner Malerei des 18. Jahrhunderts wäre ohne seine anregende Kraft nicht das geworden, was sie ist, ja sogar in manchen Leistungen des 19. Jahrhunderts, so bei Adolph von Menzel, spürt man noch etwas von seinem Geist.

Aber es waren nicht nur sein Fleiß und seine glückliche Hand beim Organisieren eines Werkstattbetriebes, die ihm seinen Einfluß sicherten, dank einer überragenden Befähigung zur Porträtmalerei gehören seine Bildnisse zum Bedeutendsten, was auf diesem Gebiet in Deutschland entstanden ist.

Pesne war damals nicht der einzige französische Porträtmaler an einem deutschen Hof. Die Nachahmung der Hofkultur Ludwigs XIV. von Frankreich in Deutschland erstreckte sich selbstverständlich auch auf die Porträtmalerei. Zu den Schloßbauten als Manifestationen absolutistischer Macht gehörte notwendig das Repräsentationsporträt, das mit wohldurchdachten künstlerischen Formen und Formeln das am Menschen zu betonen verstand, wodurch der Aristokrat sich vom gewöhnlichen Sterblichen unterscheiden wollte. Der Kurfürst Max Emanuel von Bayern hatte den gewandten Joseph Vivien als Hofmaler gewonnen, der sich freilich von Paris nicht lösen konnte und nur kurze Zeit in München tätig war. Schon vorher waren die Franzosen Paul Mignard und Martin Maingaud bayerische Hofmaler gewesen. August der Starke, Kurfürst von Sachsen und König von Polen, berief 1716 Louis Silvestre d.J. als Hofmaler nach Dresden. Der Kurfürst von der Pfalz besaß in Pierre Goudreaux einen tüchtigen Porträtisten, während kleinere Fürsten wie die Herzöge von Zweibrücken und von Mecklenburg-Schwerin sich mit bescheideneren Talenten wie Henri Millot und Charles Maucourt begnügen mußten.

In Berlin hatte es bereits vor Antoine Pesne zwei gute französische Hofmaler gegeben, Abraham Romandon und seinen Sohn Gedeon. Der Grund für ihre Anstellung war jedoch nicht nur die Orientierung an einer aus Frankreich kommenden Mode. Die Maler waren nach der Aufhebung des Ediktes von Nantes durch Ludwig XIV. und nach dem Erlaß des Ediktes von Potsdam durch den Großen Kurfürsten im Jahr 1685 als protestantische Glaubensflüchtlinge ins Land gekommen. Die Aufnahme der Hugenotten hatte in Brandenburg ein Verhältnis zu Frankreich geschaffen, das sich nicht in der Nachahmung der Hofkultur Ludwigs XIV. erschöpfte. Es war auf der einen Seite von einem größeren Selbstbewußtsein getragen, und auf der anderen Seite war es durch die bürgerliche Elite bestimmt, als die die Hugenotten im Staat auftraten.

Obgleich Pesne Katholik war, dürfte diese französische Kolonie eine wesentliche Ursache dafür gewesen sein, daß seine Kunst nicht als eine importierte Mode übernommen wurde, sondern Wurzeln schlagen und bodenständig werden konnte, daß Französisches und Preußisches miteinander verschmolzen. Das war die Voraussetzung für die große Wirkung des Malers in Berlin, die diejenige aller anderen französischen Hofmaler in Deutschland weit übertraf.

Nicht zuletzt jedoch beruhte Pesnes Erfolg in Berlin auf seinem Charakter und der Offenheit seiner Kunst für das Allgemeinmenschliche. Zwar beherrschte er die Formeln des barocken Staatsporträts, das den Menschen hinter dem Amtsträger verbirgt, aber seine Wahrheitsliebe und seine künstlerische Unabhängigkeit waren zu groß, als daß er sich mit der Rolle eines Propagandisten und Schmeichlers zufrieden gegeben hätte. Nicht anders als der ein Jahr jüngere Antoine Watteau hielt sich Pesne von der eigentlich französischen Tradition einer auf dem Diktat der zeichnerischen Form beruhenden Kunst fern und bekannte sich zu einer die Farbe, das Spiel von Licht und Schatten und den freien Duktus des Pinsels bevorzugenden Malerei, wie sie besonders in den Niederlanden und in Venedig gepflegt worden war. Diese Kunst war in der Lage, Gefühle mitzuteilen, Irrationales einfließen zu lassen und die Normen in Frage zu stellen, die das Ordnungsdenken des Absolutismus aufstellte.

Man muß sich eigentlich wundern, aufgrund welcher Leistungen der damals siebenundzwanzigjährige Pesne 1710 als Hofmaler nach Berlin berufen wurde. Er hatte 1707 in Venedig den dortigen preußischen Gesandten, den Freiherrn Friedrich Ernst von Knyphausen, in einem höchst originellen, barocke Theatralik ins Komödiantische und damit ins Genrehafte ziehenden Bild porträtiert (Abb. 7). Ein Mohrendiener schlägt einen Vorhang beiseite und gibt den Blick auf den salopp im Schlafrock sich zeigenden Gesandten frei. Sein Hund begrüßt ihn freudig als seinen gütigen Herren. Der Dargestellte will dem Betrachter weniger imponieren als ihm sympathisch erscheinen. Der Maler erzeugt Gefühle, indem er statisches Dasein in Leben und Handlung übersetzt. Dieses Bild hatte in Berlin Aufsehen erregt.

In seinem frühen Hauptwerk verrät Pesne, daß er nicht eigentlich vom denkmalhaften, Würde ausstrahlenden und Distanz schaffenden Porträt herkommt, sondern von einer spezifischen Art des animierenden Genrestückes. Ein typisches Bild aus seinen italienischen Studienjahren seit 1705, die er vor allem in Venedig verbrachte, ist die "Trompettina", die als Bildnis einer venezianischen Sängerin galt, in Wirklichkeit aber eine ehedem bekannte Courtisane darstellt (Abb. 4). Sie zieht den perlmuttfarbenen Schleier beiseite, um ihre Schönheit sehen zu lassen, von der die Häßlichkeit ihrer alten Kupplerin absticht. Von oben einfallendes Licht schafft eine Spannung, und das Momentane, das darin liegt, wird zugleich auch als etwas Vergängliches empfunden wie die Blumen im Haar und vor dem Busen der Dame. Das Bild läßt ein Studium Caravaggios und seiner niederländischen und italienischen Nachfolger erkennen, das über die Nachahmung des Effektes hinausgeht und im Helldunkel die Verflechtung von Leben und Tod, Freude und Leid, Genuß und Reue erkennt.

Die meisten anderen Werke aus Pesnes Frühzeit stellen jugendliche Schönheit verlockend zur Schau, und bei manchen der Mädchen, die sich aus dem Fenster lehnen und den Betrachter an-

Paetus und Arria, Feder, 11,5 x 7 cm, 1719
Musée du Louvre, Paris.

Samson und Delila, Feder, 17 x 22,5, 1719
Musée du Louvre, Paris.

blicken, kann über ihren Beruf kaum ein Zweifel bestehen (Abb. 1, 2, 3). Zumeist wählte Pesne Modelle aus dem einfachen Volk, deren Reiz natürlich wirkt. Die Raffinesse der Trompettina ist eine Ausnahme.

Über die Anfänge des Malers ist nicht sehr viel bekannt. Er wurde am 23. Mai 1683 als Sohn des wenig bedeutenden Bildnismalers Thomas Pesne geboren. Bei ihm erhielt er seinen ersten Unterricht. Wichtiger wurde die Ausbildung bei Charles de la Fosse, der ein Onkel von Pesnes Mutter war, die an Rubens und den Venezianern orientierte Richtung der Malerei mit Erfolg vertrat und zu den Wegbereitern Watteaus gehörte. Außerdem besuchte Pesne die Pariser Akademie. Er bewarb sich 1703 um den Rom-Preis der Akademie mit einem verschollenen Gemälde "Moses verteidigt die Töchter Jethros" und gewann ihn zunächst. Als die Entscheidung im Jahr darauf aufgehoben wurde, ging er ohne nochmalige Bewerbung nach Italien. Pesnes frühester Biograph, Matthias Österreich, schreibt, er habe sich vor allem in Venedig aufgehalten und dort die Freundschaft und Unterstützung des damals berühmten Malers Andrea Celesti (1637—1712) erfahren. Anregungen durch Celesti sind im Frühwerk Pesnes vor allem im Kolorit und im Helldunkel festzustellen. Beide bevorzugten helle Blau-, Rot- und Gelbtöne sowie Weiß im Kontrast zu tief braunroten Schatten. Ferner soll sich Pesne an Tizian und Veronese geschult und deren Werke kopiert haben. Erhalten hat sich von diesen Arbeiten nichts. Was er von den großen Meistern des 16. Jahrhunderts gelernt hat, ist schwer zu sagen, am ehesten wohl einen Blick für das Erzählerische und ein psychologisches Einfühlungsvermögen, beides Eigenschaften, die Pesnes Bildnisse auszeichnen. Den Aufbau einer Komposition mit großzügigen Linien, denen sich die Bewegungen der Körper fügen, mag Pesne bei Veronese studiert haben, aber seine Stärke war es nicht, große Figurenbilder zu malen. 1709 wird Pesne in Rom erwähnt, wo er das Bildnis eines Marquis Corbelli als Jäger mit Hunden und Wildbret und ein großes Bild mit einem Wunder der Jungfrau Maria malte. Auch diese Gemälde sind verschollen, der Nachricht über sie ist jedoch zu entnehmen, daß Pesne den Ehrgeiz besaß, große Historienbilder zu malen und das Porträt durch Handlung und Stilleben zu bereichern. In den dekorativen Panneaus, die er später zusammen mit seinem Schwiegervater Jean-Baptiste Gayot-Dubuisson und mit seinem Schwager Augustin Dubuisson malte, scheint noch etwas von der barocken Großartigkeit dieser römischen Werke nachzuleben (Abb. 31, 32). Mit der Schwester dieses Augustin Dubuisson, der 1696 in Neapel geborenen Ursule-Anne Dubuisson, Tochter des Blumenmalers Jean-Baptiste Gayot Dubuisson, vermählte sich Pesne am 5. Januar 1710, und bald darauf zog das junge Paar mit den Schwiegereltern und deren jüngeren Söhnen Emanuel, Augustin und Andreas, die sämtlich Maler wurden, nach Berlin. Ihnen schloß sich noch der vorzügliche Blumenmaler Etienne Page an. Diese gemeinschaftliche Übersiedlung zeugt von Familiensinn, aber auch von der Zuversicht, mit der Pesne in der preußischen Residenz sein Glück zu machen hoffte. Damals oder etwas früher mag das Münchner Selbstbildnis mit der keck auf dem Kopf sitzenden Mütze anstelle der Perücke entstanden sein (Abb. 8). Das noch jünglingshaft glatte Gesicht drückt sympathische Bescheidenheit aus, während Haltung und Beleuchtung der Erscheinung etwas Bedeutendes verleihen sollen. Es ist der Widerspruch in einem noch unreifen Menschen, der mit Selbstvertrauen in die Zukunft blickt.

Pesne erhielt in Berlin die Besoldung des 1711 verstorbenen Malers Augustin Terwesten. Sie betrug 1200 Taler. Die Bestallungsurkunde des Königs besagte, Pesne solle "insonderheit für unss allein und sonsten niemand, es wäre denn mit unserer Special-Permission, in fresco, Tempera oder auf Leinwand" malen. Es war also daran gedacht, ihn auch bei der Ausmalung der Schlösser zu beschäftigen.

In den ersten Berliner Jahren hat Pesne, im Vollbesitz seiner künstlerischen Fähigkeiten und im Bewußtsein, der bei weitem beste Maler in Berlin zu sein, Bildnisse von großer Ausdruckskraft gemalt. Ihre Ausstrahlung beruht auf der Sicherheit, mit der das Individuelle erfaßt ist. Das macht sein Oeuvre so abwechslungsreich, und damit entgeht er der von der Konvention geforderten Uniformität, die oft die Beschäftigung mit einem Porträtmaler langweilig macht. Die vorgeschriebenen Formeln des höfischen Porträts beachtete er, soweit es eben nötig war, und in der Freiheit wahrhaftiger Charakterisierung ging er so weit, wie er konnte.

Das mag das 1712 datierte Bildnis einer unbekannten Dame, die er als Miniaturmalerin porträtiert hat, bezeugen (Abb. 19). Es muß sich um eine hochgestellte Persönlichkeit gehandelt haben, wofür das Format als Kniestück, der Lehnsessel, die Vorhangdraperie, die Andeutung einer monumentalen Architektur in einem Stück Pilaster und die nur Adeligen zustehende Reiherfeder im Haar sprechen. Sie wendet sich mit würdevoller Haltung dem Betrachter zu, aber in dem Gesicht der alternden Frau sind die Spuren gelebten Lebens eingegraben. Ihre Züge sind in die Breite zerlaufen. Das Dekolleté ist tiefer als schicklich. Ein zähes Festhalten am Genuß des Daseins wird zur Schau gestellt. Der Maler bleibt nicht bei dem stehen, was der Mensch sein will, sondern dringt zu dem vor, was er ist. So ist das Helldunkel Ausdruck eines Dualismus, der das Moralische berührt. Der Schritt von der Trompettina zu diesem Damenporträt ist nicht allzu groß.

König Friedrich I. malte Pesne in einem Staatsporträt mit den Insignien seines Amtes, mit Szepter, Hermelin und dem von ihm gestifteten Schwarzen Adlerorden, aber der Würdenträger begegnet uns zugleich als Mensch (Abb. 14). Es ist die malerische Intensität des Gesichtes, die ihn dem Betrachter nahe bringt, während seine Stellung eigentlich Distanz erfordert. Viel hat Pesne für den König, der bereits 1713 starb, anschei-

Bathseba im Bade, schwarze und weiße Kreide, 40,5 x 30,8 cm, um 1750, ehemals Schloß Monbijou, Berlin.

nend nicht gemalt. Es gibt noch ein Bildnis von ihm als Ganzfigur auf dem Thron sitzend und eine Skizze zu einem offenbar nicht ausgeführten großen Gemälde, der Verleihung des Schwarzen Adlerordens (Abb. 18). Die feierliche Zeremonie bot Anlaß zur Prachtentfaltung, wie Friedrich sie liebte, und dem Maler kam die Aufgabe zu, dieses Ereignis zu verewigen. Vor allem die französische Malerei dieser Zeit kennt die mit Porträts versehenen Darstellungen solcher feierlichen Vorgänge, die abgebildet wurden, als handele es sich um Geschehnisse von welthistorischer Bedeutung. Vielleicht unterblieb die Ausführung, weil der König darüber starb. Merkwürdig bleibt, daß fast zweihundert Jahre später Kaiser Wilhelms II. Hofmaler Anton von Werner nach dieser Skizze ein großes Gemälde für das Berliner Schloß schuf.

Schon bald bediente sich die Kronprinzessin Sophie Dorothea der Kräfte Pesnes. Als sie 1757, im gleichen Jahr wie der Maler, starb, hinterließ sie in ihren Wohnungen im Schloß Monbijou und im Berliner Schloß wohl über hundert Werke von ihm. Vor allem das im Krieg zerstörte und 1961 gänzlich beseitigte Schloß Monbijou, das bis 1742 mehrfach erweitert wurde, enthielt so viele Bilder von Pesne, daß dieser Monbijou als den

Susanna und die beiden Alten,
schwarze und weiße Kreide, 26,2 x 18 cm, um 1742,
ehemals Schloß Monbijou, Berlin.

Ort empfunden haben muß, in dem sein Lebenswerk eigentlich wurzelte. Hier hat auch Friedrich der Große seine frühesten Eindrücke von französischer Malerei empfangen. Sophie Dorothea hat dreizehn Kinder zur Welt gebracht, von denen vier in frühem Alter starben. Diese Kinder und ihre Schwiegertöchter und -söhne hatte Pesne öfters zu porträtieren, aber auch andere Personen. Einer der ersten Aufträge, die er für Sophie Dorothea zu erledigen hatte, war die Darstellung des bereits 1708 im Alter von sechs Monaten verstorbenen Prinzen Friedrich Ludwig (Abb. 25). Der Maler hat dafür eine Wachsfigur von dem Bildhauer Wilhelm Kolm benutzt, der auch die anderen früh verstorbenen Kinder der Kronprinzessin modelliert hat. Das Kleidchen, das der Prinz trägt, ist das gleiche, in dem wenig später der Prinz Heinrich Friedrich von Brandenburg-Schwedt dargestellt wurde, und auch das Hündchen, das von rechts zu dem Kind hochspringt, ein Gedanke, der schon in dem Knyphausen-Bildnis vorkommt, begegnet dort wieder. Es ging nicht darum, einen hilflosen Säugling im Bild festzuhalten, in der Erinnerung sollte seine Erscheinung zu einem kleinen Gebieter verklärt werden, der kindlichen Charme und prinzliches Selbstbewußtsein vereint. Ein Mohrenknabe ist ihm als Diener beigesellt, ein venezianisches Motiv, das Pesne gern verwendet hat, und das Wägelchen, in dem der Knabe sitzt, weil es noch nicht laufen kann, wird zu einem Abzeichen der Würde. Es ist gleichsam ein fahrbarer Thron.

Was das mit lebhaftem Pinsel ausgeführte Bild so anziehend macht, ist das Überspielen der unkindlichen Repräsentationsattitüde, die dem Maler vorgeschrieben war, durch Handlung und Beigaben, die das Auge beschäftigen. Ein Korb mit Pflaumen, Pfirsichen, Trauben und Blumen fällt zu Boden, ohne daß ein Eichhörnchen erschrickt, das neben der Trommel sitzt, Andeutung der militärischen Laufbahn, die der bereits mit dem Band des Schwarzen Adlerordens ausgezeichnete Prinz einschlagen sollte.

Das Bild ist nicht mit dem verstandesmäßigen Blick zu betrachten, der eine Alltagswirklichkeit entschlüsselt, es soll als ein kunstvolles und dekoratives Arrangement von Einzelheiten genossen werden, die eine angenehme Empfindung erzeugen. Von den insgesamt vier Kleinkinderbildnissen, die Pesne vermutlich für Sophie Dorothea geschaffen hat, ist außer diesem noch das der späteren Markgräfin Wihelmine von Bayreuth vorhanden, bei dem man mehr eigene Anschauung des Malers spürt (Abb. 23).

Für den zentralen Saal des Schlosses Monbijou, das 1711 in den Besitz der Kronpronzessin gelangt war, hatte Pesne, vermutlich unterstützt durch mindestens einen anderen Maler, zehn Bildnisse ihrer Hofdamen zu malen. Die vier noch erhaltenen können belegen, wie abwechslungsreich er eine solche Porträtreihe zu gestalten vermochte und wie er die Eintönigkeit zu vermeiden wußte, die solchen Bildnisserien gewöhnlich anhaftet. Eine alte Dame, vermutlich die Hofmeisterin Katharina von Sacetot, gibt ihre Würde im aufrechten Dasitzen und in dem festen Blick zu erkennen (Abb. 20). Sie hält eine Orange in der Hand, die den farbigen Hauptakzent und zu dem charaktervollen Gesicht einen Gegenpol der Anziehung bildet. Die junge Dorothea von Wittenhorst-Sonsfeld dagegen, die eben noch mit ihrer Toilette beschäftigt war, wie ihr Schmuck und der Spiegel auf einem Tischchen beweisen, wendet sich dem Betrachter in einer graziösen Wendung zu und hält ihm in der Rechten eine Miniatur entgegen, gewiß mit dem Bildnis der Kronprinzessin (Abb. 22). Liebenswürdigkeit und Treue äußern sich somit nicht nur in den schönen

Jakob empfängt den blutigen Rock Josephs, schwarze Kreide, 28,2 x 25,7 cm, um 1755, ehemals Schloß Monbijou, Berlin.

Gesichtszügen, sondern auch in einer Handlung.

Die Bildnisse der Hofdamen schufen in dem Raum, den sie schmückten, eine Atmosphäre von freundschaftlicher Gemeinsamkeit und standen somit in bemerkenswertem Gegensatz zu anderen Porträtserien in den preußischen Schlössern, in denen Amt und Würde die Dargestellten vereinte — zu den Folgen der brandenburgischen Kurfürsten aus dem Haus Hohenzollern und zu den Offiziersgalerien, die der Soldatenkönig liebte. Zu diesen Aufgaben wurde Pesne bezeichnenderweise kaum herangezogen. Seine verbindliche Art, Gefühle zu wecken, kam besser in Bildnissen von Damen als solchen von Herren zur Geltung, bei denen es noch mehr auf die Betonung des Standes ankam.

Neben Porträts malte Pesne auch in Berlin Genre- und Historienbilder mit oft bildnisartigen Zügen. Die beiden eindrucksvollsten Beispiele dieser Gattung sind ein paar große Galeriestücke, die aus dem Berliner Schloß nach Breslau und von dort nach 1945 nach Warschau gelangt sind (Abb. 11). Das eine stellt eine Wahrsagerin dar, das Thema des Gegenstückes ist ungedeutet. Hier wie dort begegnen sich gegensätzliche Charaktere mit ausgeprägten Zügen, Menschen aus verschiedenen Lebenskreisen, und daraus entsteht eine psychologische Spannung, die im lebhaften Wechsel von Licht und Schatten eine Entsprechung findet. Das Motiv der Wahrsagerin ist seit Caravaggio beliebt, und auch Watteau hat es um die gleiche Zeit wie Pesne behandelt. Das Wissen der jungen Zigeunerin über die Zukunft ist zugleich Verführung. Im Gegenstück verkörpert der grüblerische Gelehrte ein Wissen anderer Art, über das sich ein junges Paar im Hintergrund zu belustigen scheint. In eine ähnliche Sphäre gesellschaftlichen Vergnügens gehört wohl auch das Potsdamer Bild mit einer Dame am Spinett, die einen jungen, Blockflöte spielenden Mann begleitet (Abb. 12).

Tobias heilt seinen blinden Vater, schwarze Kreide, 36 x 44,2 cm, 1756, ehemals Schloß Monbijou, Berlin.

Es ist eher ein Genrebild als ein Porträt. In Paris haben Alexis Grimoux und Jean Raoux, mit dem Antoine Pesne in Venedig zusammengetroffen war, ähnliche Sujets gemalt.

Der Tod Friedrichs I. am 25. Februar 1713 und der Regierungsantritt Friedrich Wilhelms I. hatten eine durchgreifende Veränderung des Lebens in Preußen zur Folge. Von der auf Repräsentation bedachten Hofhaltung des ersten Königs hatte zwar auch die künstlerische Kultur profitiert, aber das arme Land war nicht in der Lage, die Lasten dieses Systems zu tragen. Den klugen Reformen, die der Nachfolger mit Strenge durchsetzte, fiel die junge Blüte der Kunst zum Opfer. Die meisten Künstler verließen die Residenz. Es verwundert, daß Pesne in Berlin blieb, obgleich der König sein Gehalt auf die Hälfte reduzierte. Der mehr und mehr erstrahlende Glanz Dresdens zog gute Kräfte aus der preußischen Hauptstadt ab, und so wäre es denkbar gewesen, daß Pesne am Hof Augusts des Starken die Stelle angetreten hätte, auf die 1716 Louis de Silvestre berufen wurde. Es muß ihn etwas an Berlin gebunden haben. War es nur die Notwendigkeit, für eine wachsende Familie ein zwar geschmälertes, aber sicheres Einkommen zu bewahren, oder gab es nach dreijähriger Tätigkeit bereits eine innere Beziehung zur Stadt? Oder hatte Pesne, der zu einsichtig war, um sich vom höfischen Glanz blenden zu lassen, gar eine Sympathie für die bürgerlich-protestantische Gesinnung des Soldatenkönigs, der, ein Enkel der Luise Henriette von Nassau-Oranien, in der Kunst das Holländische liebte? Die einzigen Zeugnisse über die Ansichten Pesnes sind seine Bilder. In ihnen ist immer wieder eine Beschäftigung mit Rembrandt zu bemerken, der allen Porträtisten, die Seelisches darstellen wollten, den Weg wies.

Friedrich Wilhelm I. hat den Maler in den ersten Jahren seiner Regierungszeit kaum beschäftigt. Erst sechzehn Jahre nach seinem Regierungsantritt hat er sich zum ersten Mal von seinem Hofmaler porträtieren lassen. Für die Porträts seiner

Offiziere und der Langen Kerls bevorzugte er bescheidenere Talente, Friedrich Wilhelm Weidemann, Georg Lisiewski oder Johann Harper. Er war in seiner geraden, einfachen, soldatisch-harten und pietistisch-frommen Denkungsart mißtrauisch gegen die verfeinerte Kultur Frankreichs.

Wie Pesne und der König zueinander standen, macht dessen ganzfiguriges Bildnis von 1729 auf fast beklemmende Weise klar, denn der Maler hat auch hier die Wahrheit gesagt (Abb.43). Die Gestalt des Einundvierzigjährigen, der als junger Mensch sehr schön war, wirkt in ihrer Plumpheit und in der Direktheit, mit der der Betrachter angesprochen wird, bedrohlich. Die Rechte mit dem Kommandostab ist befehlend zur Seite gestreckt und deutet auf das 1715 belagerte Stralsund. Das war die einzige Kriegshandlung des Königs, dem seine Soldaten zu lieb waren, um sie in Feldzügen zu opfern. Anstelle eines kostbaren Gewandes trägt er, wie vor ihm König Karl XII. von Schweden, eine schlichte Uniform. Die teuren schulterlangen Perücken, die ihrem Träger ein majestätisches Aussehen verliehen, hatte er bald nach seinem Regierungsantritt abgeschafft. Das gerötete Gesicht, dessen Züge sich wie unter einem inneren Druck spannen, verrät ein cholerisches Temperament. Die schreckliche Auseinandersetzung mit dem Kronprinzen im folgenden Jahr wird durch ein solches Bildnis eindrucksvoll illustriert. Man spürt, daß Pesne nicht frei war, als er das offizielle Porträt des Soldatenkönigs, das von den höfischen Repräsentationsbildnissen des 18. Jahrhunderts so verschieden ist, in dieser Haltung malen mußte, aber es ist gerade der Gegensatz zwischen den Charakteren des Malers und seines Modells, der das Bildnis zu einem so aussagekräftigen Dokument macht.

An den nach 1713 entstandenen Gemälden läßt sich beobachten, wie der Schwung der Handschrift Pesnes in der neuen Epoche erlahmte und wie das Blühende seines Kolorits sich verlor. Sein Stil nahm etwas von der Strenge an, die das Leben unter dem Soldatenkönig prägte. Das läßt sich bereits an dem 1714 gemalten Bildnis des zweijährigen Kronprinzen mit seiner damals fünfjährigen Lieblingsschwester Wilhelmine, der späteren Markgräfin von Bayreuth, beobachten (Abb. 26). Pesne malte es im Auftrag der Königin Sophie Dorothea. Auch hier erfindet er eine Handlung, um die beiden Kinder, den lebhaften, stürmischen Jungen und das schon vernünftigere, sich gemessener bewegende Mädchen, zu charakterisieren.

Der Knabe spielt Soldat und eilt mit seiner Trommel voran, begleitet von seinem munter springenden Hündchen, während die Schwester ihn mit einem Druck auf die Hand zurückzuhalten sucht. Es liegt schon etwas Damenhaftes in ihrer Haltung. Der Mohr mit dem Schirm und der Papagei auf der linken Hand geben noch eine Andeutung von höfischem Luxus, aber im Rhythmus der gleichartigen Bewegung und der parallelen Linien der Komposition drückt sich ein neues Ordnungsdenken aus. Die Malerei ist glatter und härter als in den früheren Bildern.

Der König entschädigte Pesne für den Mangel an Aufträgen im Lande durch die Freiheit, die er ihm für auswärtige Arbeiten einräumte. 1715 war er für den Fürsten Leopold von Anhalt-Dessau tätig, für den er unter anderem ein nur in der Entwurfsskizze überliefertes Familienbildnis malte.

1718 arbeitete er in Dresden für August den Starken. In diesem Jahr bewarb er sich mit seinem großen in Potsdam bewahrten Familienbildnis um die Mitgliedschaft in der Akademie (Abb. 33). Die Aufnahme erfolgte 1720 aufgrund des Gemäldes "Samson und Delila". Es war Pesne offenbar wichtig, die Verbindung zu seiner Vaterstadt aufrechtzuhalten. Vielleicht trug er sich mit dem Gedanken, dorthin zurückzukehren, zumal unter der Regentschaft des Herzogs Philipp von Orléans seit 1715 die Kunst dort eine Richtung eingeschlagen hatte, die dem Empfinden Pesnes entsprach. Aber während er in Berlin der führende Maler war, hätte er sich in Paris neben Porträtisten wie Hyacinthe Rigaud, Nicolas Largillierre oder Francois Detroy behaupten müssen. Aus einer ausführlichen Notiz auf einer Vorzeichnung zu dem Aufnahmestück, die er an den Maler Nicolas Vleughels in Paris sandte, geht hervor, daß er Watteau schätzte, denn er bat Vleughels, bei dem Watteau damals wohnte, ihm die Zeichnung zur Beurteilung vorzulegen (Abb. 38). Persönlich hat Pesne Watteau wohl nicht gekannt, denn als er 1704 Paris verließ, war jener noch ein suchender Anfänger, und als Pesne 1723 für kurze Zeit in Paris weilte, war Watteau bereits seit zwei Jahren tot. Die beiden einzigen noch erhaltenen Porträts, die Pesne während dieses Aufenthaltes malte, stellen Vleughels und den Kunsthändler und Kenner Jean Mariette (Abb. 37) dar, die beide zum Kreis um Watteau gehörten.

Der Aufenthalt in Paris war eine Station auf dem Weg nach London, nachdem der Maler zuvor in Hannover gearbeitet hatte. In London malte er

Georg Wenzeslaus von Knobelsdorff und Antoine Pesne, Ansicht von Rheinsberg, Öl auf Leinwand, 82 × 163 cm, um 1737, Staatliche Schlösser und Gärten Berlin, Schloß Charlottenburg.

Porträts der englischen Prinzen und Prinzessinnen. Georg I., König von England seit 1716, zuvor Kurfürst von Hannover, war ein Bruder der Königin Sophie Dorothea. Das erklärt die englische Reise Pesnes. 1728 arbeitete er noch einmal für längere Zeit in Dresden. Einige Bilder der Dresdner Galerie, darunter das "Mädchen mit den Tauben", sind Spuren seiner dortigen Tätigkeit (Abb. 42). Die Tauben sind Attribute der Venus. So wird durch die Tiere das Bauernmädchen zu einer Liebesgöttin. Die frische Natürlichkeit dieses Wesens in Verbindung mit der kräftigen Handschrift des Malers entfernen dieses Bild von den als Schäferinnen verkleideten Damen der Aristokratie, denen man in der Kunst dieser Zeit so oft begegnet.

Aus der Zeit des früheren Aufenthaltes in Dresden stammen zwei große prunkende Wandbilder, in denen Jean-Baptiste Gayot Dubuisson die Hauptsache gemalt hat, nämlich die stolze Architektur und die üppigen Stilleben, während Pesne die sich eher bescheiden ausnehmenden Figuren hinzugefügt hat (Abb. 31, 32). Man merkt, daß sie Zutaten von anderer Hand sind, aber sie fügen sich dem Ensemble kostbarer und köstlicher Dinge als etwas ein, das in gleicher Weise die Sinne erfreut. In den verlorenen Wandbildern für das Charlottenburger Schloß hat Pesne eine Generation später dem Betrachter auf weit raffiniertere Weise Appetit auf das Bild gemacht und ihn in das gemalte Geschehen hineingezogen (Abb. 25, 26).

Es hat einen großen Reiz, einem Maler, der in seinen Bildnissen Menschenkenntnis beweist und Lebenserfahrung offenbart, in seinen Selbstdarstellungen zu begegnen. Sie sind Prüfsteine für seine Ehrlichkeit. Das Selbstbildnis von 1718 mit seiner zweiundzwanzigjährigen Gattin, der sechsjährigen Tochter Helène Elisabeth und der ein Jahr jüngeren Tochter Marie, mit dem er sich um die Aufnahme in die Pariser Akademie bewarb, ist schon durch sein Format ein Ausdruck von Stolz, aber verglichen mit den grandios-pathetischen Selbstverherrlichungen Rigauds oder Largillierres wirkt es bescheiden (Abb. 33). Pesne sieht sich als Maler und Familienvater. Sein brauner Rock ist so schlicht wie seine Haltung. Das füllt die eine Hälfte des Bildes. Die andere nimmt die sitzende Frau ein, an die sich das jüngere Kind zärtlich anschmiegt, während das ältere schon selbstbewußter dasteht. Die Aussage des Bildes ist klar. Nüchternheit und Gefühlswärme verbinden sich. Man glaubt in diesem Werk zu lesen, daß Preußen Pesne zur Heimat geworden ist, obschon der Globus links seine internationale Geltung andeuten soll.

Als königlicher Hofmaler konnte Pesne nicht jedermann porträtieren, und so waren seinen psychologischen Studien Grenzen gesetzt, es sei denn, er begab sich auf das Gebiet des Genreporträts oder der Studienköpfe, die als Galeriestücke beliebt waren. Ein eigenes Feld, auf dem sich Pesne frei bewegen konnte, waren die Porträts von Künstlerkollegen. In ihrem Erfindungsreichtum und ihrer malerischen Intensität ist die Gemeinsamkeit des Berufes als begeisternder Funke zu spüren, der vom Maler zum Modell überspringt. Die Bildnisse von Christoph Ludwig Agricola (Abb. 29) und von Johann Sigismund Ebert (Abb. 30) fesseln durch ihre lebendige Haltung, aber auch in ganz schlichten Porträts wie dem des Hofgärtners René Dahuron (Abb. 39) wußte Pesne die Ausstrahlung der Persönlichkeit in Malerei zu übersetzen. Ehrlichkeit, wacher Geist und Selbstbewußtsein prägen das Gesicht Dahurons, dem Pesne als einem Landsmann auch persönlich nahegestanden haben mag. Auch hier ist das Vorbild des reifen Rembrandt zu spüren. Es gibt von Pesne Bilder, in denen er den Holländer geradezu nachahmt, so zum Beispiel der Gelehrte mit Barett im Schloß Mosigkau bei Dessau (Abb. 5) oder das Profilbildnis seiner Frau in Schwerin, das sich an Rembrandts Kasseler Saskiaporträt anlehnt.

Die Grenzen des Malers werden deutlich, wenn er vielfigurige Historienbilder zu malen hat, deren Geschehen keine seelische Vertiefung erfordern, wie das 1722 datierte Gemälde mit der Amazonenkönigin Thalestris, die Alexander dem Großen ihre Liebe und Verehrung bezeugt (Abb. 34).

Im letzten Jahrzehnt der Regierungszeit des Soldatenkönigs, in den Jahren von 1730 bis 1740, vollzog sich ein allmählicher Wandel seiner Einstellung zur Kunst, der sich vor allem in der Architektur als gesteigerte Bautätigkeit und maßvolle Prachtentfaltung bemerkbar machte. Vielleicht hatte der Besuch des Königs in Dresden 1728 und der Gegenbesuch Augusts des Starken in Berlin einen Einfluß auf diese Entwicklung. Mit der zweiten Hälfte des Jahrzehntes begann dann die sich rasch entfaltende Blüte des friderizianischen Rokoko, an der Pesne wesentlichen Anteil hatte und die seine Kunst plötzlich auf eine neue Höhe führte. So gehört dieses Jahrzehnt zu den interessantesten der preußischen Kunstgeschichte. Es zeigt, wie rasch hierzulande die Künste in einem ihnen günstigen Klima wieder aufblühen konnten, nachdem sie eine halbe Generation zuvor plötzlich zum Verkümmern gebracht worden waren.

Die Atmosphäre am Berliner Hof zu Beginn der dreißiger Jahre, also zur Zeit der Inhaftierung des

Mitglieder der Oper Friedrichs des Großen im Park,
Öl auf Leinwand, 260 x 138 cm, 1745,
ehemals Stadtschloß Potsdam, zerstört.

Kronprinzen in Küstrin nach seinem gescheiterten Fluchtversuch, kann kaum etwas eindringlicher vergegenwärtigen als das Doppelbildnis der fünfzehnjährigen Prinzessin Friederike Luise von Preußen mit ihrem siebzehnjährigen Gemahl Karl Wilhelm Friedrich von Brandenburg-Ansbach (Abb. 47). Das Bild ist wohl auf Veranlassung des Königs als ein Dokument der Eheschließung gemalt worden, und Pesne hat es verstanden, in der frostigen Steifheit, mit der diese beiden noch ganz unreifen Menschen nebeneinanderstehen, das Gezwungene dieser Verbindung darzustellen. In den beiden sich fassenden Händen ist die Schüchternheit des Paares vollkommen ausgedrückt. In der stolzen Haltung des Markgrafen erkennt man sein jähzorniges, hochfahrendes Wesen. Die Braut schaut ihn eher aufmerksam als liebevoll an. Ein spröder Charme geht von ihrer Gestalt aqs. Das Strenge und Geordnete dieses zeremoniellen Bildes heitert Pesne mit der tänzerischen Lebhaftigkeit seiner Pinselführung auf, die vor allem im Kleid der Braut zu höchster Virtuosität gesteigert ist. Im Farbspiel mit zarten Lachstönen und Silber ahnt man bereits die zum Rokoko führende Entwicklung der folgenden Jahre. Ein Gegenstück ist das 1734 entstandene Bildnis der Prinzessin Sophie von Preußen mit ihrem Gemahl, dem Markgrafen Friedrich Wilhelm von Brandenburg-Schwedt (Abb. 48). Von den anderen preußischen Prinzessinnen und Prinzen hat es anscheinend keine derartigen Vermählungsbilder gegeben. Pesne malte in diesen Jahren jedoch von ihnen verschiedene einzelne Bildnisse mit ähnlicher Disziplinierheit der Form und Freudlosigkeit des Ausdrucks.

Schlicht und ernst wirkt auch das Bildnis seiner Tochter Helène Elisabeth als Nonne, das wohl 1732 anläßlich ihres Eintritts in das Zisterzienserinnenkloster Marienstuhl bei Magdeburg gemalt worden ist (Abb. 54).

Wann immer sich die Gelegenheit bot, volkstümliche Gestalten zu malen, hat Pesne offenbar gern einen derberen Strich und kräftigere Farben gewählt. Als 1732 die vom Soldatenkönig aufgenommenen Salzburger Protestanten durch Berlin zogen, hat er für die Königin mehrere dieser Flüchtlinge porträtiert. Drei dieser Bildnisse sind aus ihrem Nachlaß in den Besitz ihrer mit Herzog Karl I. von Braunschweig verheirateten Tochter Philippine Charlotte und so in das dortige Museum gelangt (Abb. 53). Das Bildnis der Elisabeth Oberbüchler mit ihrem frischen Gesicht ist ein schöner Beweis für die Sympathie, die der Maler dem einfachen Menschen entgegenbrachte. Die Haltung drückt Schlichtheit, Offenheit und Demut aus. Die Landschaft deutet die weite Wanderung dieser Flüchtlinge an.

Pesne hat um diese Zeit auch eine Anzahl Bildnisse von Gelehrten und Geistlichen geschaffen. Eine Galerie von Gelehrtenporträts befand sich im Schloß Monbijou. Zu ihr hat anscheinend das ernste Bildnis des Theologen Johann Gustav Reinbeck, jetzt in Wolfenbüttel, gehört (Abb. 52).

In der Mitte der dreißiger Jahre wird die Handschrift Pesnes lockerer — der Pinsel setzt die Farbe oft in Tupfen auf —, und die Palette hellt sich auf. Das Helldunkel weicht allmählich einem Farbspiel von einer überraschenden Vielfalt von manchmal pastellartigen Tönen. Das Bildnis des Komponisten Graun mit seiner Gattin (Abb. 58), das in der Erfindung auf das Bild der Dame am Spinett mit dem Flötenspieler zurückgeht (Abb. 12), kann gerade durch den Vergleich mit diesem Frühwerk die Stilwandlung veranschaulichen. Zum Durchbruch kommt dieser neue Stil gleichzeitig mit dem Umbau des Schlosses Rheinsberg als Residenz für den Kronprinzen, der seit 1733 mit der Prinzessin Elisabeth Christine von Braunschweig-Wolfenbüttel verheiratet war. Er hatte das reizvoll am Grienericksee gelegene Schloß 1734 von seinem Vater als Geschenk erhalten. 1736 konnte die kleine Hofgesellschaft einziehen. Friedrich der Große war nun in der Lage, umgeben von Freunden, ein Leben nach seinen eigenen Vorstellungen zu führen, sich seinen wissenschaftlichen Studien hinzugeben und seinen künstlerischen Neigungen zu folgen. Der architektonische Rahmen wurde von seinem vielfältig begabten Freund Georg Wenzeslaus von Knobelsdorff genau für seine Bedürfnisse geschaffen. Rheinsberg ist die noch bescheidene Knospe des friderizianischen Rokoko, die sich nach dem Regierungsantritt Friedrichs im Jahr 1740 rasch zur Blüte entwickeln sollte.

Pesne, der 1740 bereits siebenundfünfzig Jahre alt war, ist von dieser erstaunlichen Entwicklung mitgerissen worden, aber er hat sie auch befördert. Knobelsdorff, der wichtigste Ratgeber Friedrichs in allen Fragen der bildenden Kunst, war als Maler der Schüler Pesnes. Die Begeisterung Friedrichs des Großen für die französische Kunst und Kultur mußte dem Maler neuen Antrieb geben. Umgekehrt jedoch dürfte die Bewunderung, die der Kronprinz Watteau und seinem Nachahmer Lancret entgegenbrachte, von Pesne geweckt worden sein, der mit letzterem befreundet war und Bilder von ihm besaß. Bereits 1739 schrieb Friedrich an seine Schwester Wilhelmine, er habe in Rheinsberg zwei Zimmer mit Bildern von Watteau und Lancret ausgestattet. Diese aus Frankreich beschafften Werke übten einen Einfluß auf Pesne aus. Friedrich regte ihn sogar selbst an, Bilder in der Art Watteaus zu malen.

Nichts illustriert die Atmosphäre des Rheinsberger Hofes und die Inspiration dieser Geselligkeit durch die Kunst Watteaus so treffend wie eine von Knobelsdorff um 1737 gemalte Ansicht von Rheinsberg, in die Pesne die Staffage eingefügt hat (Abb. 66, 67): links ein Zeichner, wohl Knobelsdorff selbst, dem Oberst Senning über die Schulter schaut, dann ein tanzendes Paar, vielleicht Dietrich von Keyserlingk mit einer Hofdame.

Apollo und die Musen, Deckenbild im Alten Speisesaal des Schlosses Charlottenburg, 1742, zerstört.

Königin, die am 26. März 1737 fünfzig Jahre alt geworden war, das Bild bei Pesne bestellt, um dem Kronprinzen damit eine Freude zu bereiten und zugleich ein neues offizielles Porträt von sich herauszubringen, denn es wurde in mehreren Wiederholungen und Kopien verbreitet. Die Komposition ist weder neu noch besonders einfallsreich. Die Überraschung des Bildes besteht in dem hellen, kräftigen Kolorit und der menschlichen Nähe der Königin. Dem mit Hermelin besetzten hellvioletten Kleid antwortet der Türkiston des Himmels und das ins Bläuliche spielende Weiß des Schleiers, der, perlmuttartig schimmernd, das Gesicht mit seinem frischen Inkarnat hervorhebt. Die Fünfzigjährige negiert ihr Alter. Fächer und Pekinesenhündchen im Arm als modische Attribute unterstreichen den lebensbejahenden Zug, ein Impuls, der wohl vom Kronprinzen und seinem Leben in Rheinsberg mit ausgelöst war. Das Bild ist ein Werk des beginnenden friderizianischen Rokoko. Von den neun Bildnissen, die laut Inventar 1742 in den Räumen des Rheinsberger Schlosses hingen, waren drei Bildnisse der Königin (nur eines stellte den Soldaten-

Die Gruppe der Spaziergänger wird von Königin Sophie Dorothea angeführt. Ihr gehörte das als Supraporte gemalte Bild. Ein Mohrendiener hält einen Sonnenschirm über sie. Es folgt die Kronprinzessin, die — wie die Frauen auf vielen Gemälden Watteaus — den Kopf zu dem hinter ihr gehenden Kavalier zurückwendet. Aufgrund der Uniform ist er als Friedrich der Große zu identifizieren. Wer die übrigen Gestalten sind, wissen wir nicht. Das Bild ist gleichsam das gemalte Programm des Rheinsberger Lebens, nämlich die Verwirklichung dessen, was Watteau erträumt hat. Die leichte, beschwingte Hand, mit der Pesne die Figürchen in das Bild seines Schülers und Freundes gesetzt hat, zeigt, wie wohl er sich ungeachtet des Generationsunterschiedes in dieser Gesellschaft gefühlt hat.

Zum Geburtstag der Kronprinzessin am 8. November 1737 überreichte Pesne Friedrich dem Großen ein Bildnis seiner von ihm hoch verehrten Mutter (Abb. 60). Es muß ihn tief beeindruckt haben, denn es veranlaßte ihn, eine Ode auf den Maler zu dichten. Vermutlich hatte die

Das Hochzeitsmahl von Peleus und Thetis, Ausschnitt aus dem Deckenbild im Weißen Saal des Schlosses Charlottenburg, 1742, zerstört.

könig dar). Das zeigt, wie sehr Sophie Dorothea von ihrem Sohn verehrt wurde.

Zu den Porträts, die im Rheinsberger Schloß hingen, gehörte auch das Bildnis des damals sechzigjährigen Fürsten Leopold von Anhalt-Dessau von 1737, unter dem der Kronprinz zwei Jahre zuvor am Oberrhein gekämpft hatte (Abb. 63). Auch diesem Bild des aufrechten alten Kämpen, der den Gleichschritt erfunden hat, verlieh Pesne den Zauber einer silbrigen Atmosphäre, die sich dem Charme der Rheinsberger Interieurs einfügen konnte, aber im leicht kreidigen Inkarnat und in den ergrauten Haaren wird doch das Alter nicht verheimlicht. Eine andere überragende Leistung dieser Jahre ist das Bildnis des erst sechzehnjährigen Prinzen Ferdinand von Braunschweig, des Bruders der Kronprinzessin (Abb. 64). Durch eine verführerische Harmonie sanfter Farben gibt Pesne der Anziehungskraft dieser offenbar früh entwickelten Persönlichkeit Ausdruck. Pesne vermag in diesem Bild eines jungen Offiziers allerdings nicht zu leugnen, daß sein Spätwerk in erster Linie Bewunderung des Weiblichen ist.

Den Kronprinzen hatte Pesne als Kind mehrfach porträtiert. Ein Bildnis des Jünglings entstand 1729. Nach der Versöhnung mit dem Vater malte Pesne 1733 ein neues, etwas steif und offiziell wirkendes Porträt. Weitere Bildnisse, die variiert und wiederholt wurden, entstanden 1736, 1738 und 1739/40 (Abb. 69, 70). Danach endete das Interesse Friedrichs an der Darstellung seiner Person abrupt, das vorher so lebhaft gewesen war. Das Bildnis von 1736 malte Pesne für die Markgräfin von Bayreuth. Die Bewegtheit von Körperhaltung und Mantel, dazu der offene Blick und im Kolorit der Klang heller Farben geben die Aufbruchsstimmung wieder, in der sich Friedrich damals befand. Eine morgentliche Frische liegt in dem Bild, deren Bedeutung erst recht nachgefühlt werden kann, wenn man sich des Druckes erinnert, der auf dem Jüngling gelastet hatte.

Pesne wurde nun auch dazu verpflichtet, Deckengemälde zu entwerfen und auszuführen, was er nie zuvor getan hatte. Wenn er für den Konzertsaal des Rheinsberger Schlosses das 1740 vollendete Deckenbild mit dem die nächtliche Finsternis vertreibenden Apollo als Hauptgestalt malte, dann war das eine selbstbewußte Versprechung des Kronprinzen für die künftige Regierung nicht ohne bedenklichen Rückblick auf die seines Vaters. Apollo personifizierte nicht nur die Förderung der Künste, er bedeutete auch Aufklärung im philosophischen Sinn. Friedrich folgt mit dieser Symbolik dem Vorbild des Sonnenkönigs, den schon Friedrich I. nachgeahmt hatte, aber die

Identifikation mit dem Sonnengott ist nun frei von dem gläubigen Pathos des Barock und zielt mehr auf eine geistige als auf eine politische Macht. Früher, vielleicht schon 1736, ist das Deckenbild von Friedrichs Arbeitszimmer in dem südlichen der beiden Rundtürme entstanden. Eine erst 1983 aufgetauchte Skizze für diesen auf Leinwand gemalten Plafond trägt ihren Gedanken mit großer Keckheit vor, kühn den Problemen der Anatomie ausweichend (Abb. 65). Der studierende Kronprinz stellt sich unter den Schutz der streitbaren Weisheitsgöttin Minerva, die in ihrem aufgeschlagenen Buch nun nicht die Namen von Wissenschaftlern, sondern von zwei Dichtern zu lesen gibt: Horaz und Voltaire. Den römischen Odendichter liebte Friedrich besonders. Mit Voltaire, den er ebenfalls vergötterte, war der Kronprinz gerade in einen freundschaftlichen Briefwechsel getreten. Dieses Bekenntnis eines sich auf seine Regierung vorbereitenden Kronprinzen zur Poesie ist bemerkenswert.

Als Friedrich der Große am 1. Juni 1740 die Regierung antrat, begann auch für Pesne ein neuer Lebensabschnitt. Die neuen Bauprojekte forderten seine Kräfte. Für den Neuen Flügel am Charlottenburger Schloß wurde noch im gleichen Jahr der Grundstein gelegt. Der Umbau des Potsdamer Stadtschlosses und die Einrichtung neuer Wohnungen in ihm für den König wurden 1744 in Angriff genommen. Im folgenden Jahr reiften bereits die Pläne für Sanssouci und gleichzeitig ließ sich Friedrich im Berliner Stadtschloß eine Wohnung einrichten. Überall wurde Pesne gebraucht.

1742 entstanden Deckengemälde im Obergeschoß des Neuen Flügels in Charlottenburg, zuletzt das riesige im Weißen Saal. Für die im gleichen Jahr nach Beendigung des Ersten Schlesischen Krieges eingeweihte Oper 'Unter den Linden' entwarf Pesne den Vorhang, der das Apollo-Thema wieder aufgreift und nun in einen direkten Bezug zum zeitgeschichtlichen Augenblick stellt, gewissermaßen die Versprechung des Rheinsberger Deckenbildes einlöst (Abb. 71). Spontaneität und Verzicht auf die Würde des Überzeitlich-Dauerhaften ist überhaupt ein Wesenszug des friderizianischen Rokoko. Der Sonnengott entfernt sich von Bellona, der Kriegsgöttin, die den gewitterigen Wolken zugeordnet ist, und wendet sich den Musen zu. Die Spannung, unter der Friedrichs Dasein als König stand — die Kriege und die Pflege der Künste als eigentlich menschenwürdiger Lebensinhalt — sind in diesem Werk mit leichter Hand fast scherzend angedeutet. Zur Sphäre des Theaters gehörten auch wichtige königliche Bildnisaufträge der vierziger Jahre, aber es läßt sich nicht übersehen, daß Friedrich der Bildnismalerei gegenüber immer gleichgültiger wurde. Er liebte es, seine Wohnungen vor allem mit den erheiternden Werken Watteaus und seiner Nachfolger Nicolas Lancret und Jean-Baptiste Pater zu schmücken. Die Bildnisse, die vereinzelt zwischen diesen Idyllen plaziert waren — nur in seiner Wohnung im Berliner Schloß gab es Räume, in denen ausschließlich Porträts hingen —, mußten sich dem Charakter der Umgebung anpassen. Den Mittelpunkt der Ausstattung eines der beiden Konzertzimmer im Potsdamer Stadtschloß bildete ein direkt von Lancret inspiriertes Bild von 1745, das die Tänzerin Marianne Cochois mit bewundernden Zuschauern zeigt (Abb. 50). Auch hier spürt man den in der Figurendarstellung ungeübten Maler, aber ein Überspielen dieser Schwächen durch ein lebhaftes Kolorit, tänzerische Pinselführung und Witz der Komposition gibt dem Bild eine Köstlichkeit, die die Perfektion nie erreicht hätte. Immer wieder begegnet man im friderizianischen Rokoko dilettantischen Zügen, die daran erinnern, daß die Schlösser für einen echten Liebhaber der Künste gebaut worden sind, denn Friedrich hat sich ungeachtet seines Strebens nach der Pracht des Meisterhaften doch einen Sinn für den Gemütswert des Naiven bewahrt.

Das berühmteste der Tänzerinnenbilder ist die ganzfigurige Darstellung des venezianischen Stars Barbara Campanini, genannt Barbarina, die mit ihrem Können und ihren Capricen den Hof unterhielt (Abb. 89). Der König hat sie 1745 für sein Schreibkabinett im Berliner Stadtschloß malen lassen. Die Verherrlichung von Schauspielern in Bildnissen von einem Format, das bisher nur Personen von Rang zugestanden hatte, war in Frankreich aufgekommen. Watteaus "Gilles" ist das berühmteste, fast eine Generation ältere Beispiel. Die beschwingt ins Bild tanzende Barbarina geht in ihrer launigen Verspottung des Würdigen noch einen Schritt weiter, indem sie nun Lebensfreude und den Zauber einer flüchtigen Kunst in das Schreibkabinett eines Königs trägt. Es war ein Witz, der den Maler zu dem Bild inspirierte, aber dieser war in der Lage, mit leichtem Strich und einer köstlichen Folge selten gesehener Farbklänge die Faszination des glücklichen Augenblicks zu reproduzieren. In seiner arabeskenhaften Form ist das Gemälde nur ganz verständlich, wenn man es sich in dem nun zerstörten runden Raum, einer Reminiszenz an das Rheinsberger Arbeitszimmer, mit seiner heiteren Ornamentik vorstellt, für das es geschaffen war.

Die Aufgabe, für bestimmte Interieurs der Schlösser Gemälde zu liefern und sich mit dem sechzehn Jahre jüngeren Architekten Knobelsdorff sowie den Ornamentbildhauern zu arrangieren, war für den alternden Pesne nur mit der Anpassungsfähigkeit und dem Einfühlungsvermögen zu meistern, die zu den Eigenschaften des Porträtmalers gehörten. Für das Potsdamer Stadtschloß hatte er zum Beispiel große Wandbilder in der Art Watteaus zu malen, die ein Ensemble von französischen Bildern dieses Genres abrunden sollten (Abb. S. 18). Ein anderes Panneau, das zusammen mit drei gleich großen Bildern anderer Maler 1746 für den ältesten der Brüder Friedrichs, für den Prinzen August Wilhelm, ausgeführt wurde, zeigt badende Frauen in einer kargen märkischen Landschaft, die durch einen zwischen Heiterkeit und Melancholie schwebenden Klang eine Seele erhält und so mit den Menschen in ihr eine Einheit bildet (Abb. 97). Auf diese Bahn konnte Pesne nur durch Watteau gewiesen werden. Man mag sich vorstellen, mit welcher Begeisterung Pesne dessen Werke studiert hat, wenn sie aus Paris in Berlin oder Potsdam eintrafen. So erklärt sich die Merkwürdigkeit in der Geschichte der deutschen Landschaftsmalerei des 18. Jahrhunderts, daß der neu erwachende Sinn für die Ausdruckskraft der Natur sich zuerst vor den ärmlichen Gegenden um die preußische Hauptstadt schöpferisch manifestierte.

Ein intimeres Beispiel dieser plötzlich in den vierziger Jahren sich entfaltenden Blüte der märkischen Landschaftsmalerei ist die skizzenhaft auf Papier gemalte Ansicht des Kiez bei Freienwalde, einem beliebten Ort an der Oder, wo schon Friedrich I. durch Schlüter ein Lustschlößchen hatte bauen lassen (Abb. 95). Hier sind es, wie bei Watteau, elegant gekleidete Städter, die ihre Gefühle in der großlinigen Landschaft mit ihrer Ferne und dem gerade ansteigenden Berg genießen. Kein höfisches Schnörkelwesen läßt die Echtheit der Empfindung, die zugleich ernst und heiter ist, bezweifeln. Vielleicht ist das Bild die Skizze zu einem verlorenen größeren Gemälde, denn es gibt eine wohl nur als Fragment erhaltene Zeichnung des gleichen Blickes mit reicherem Figurenbestand, die als weitere Vorarbeit zu betrachten ist. Allerdings war es nur ein kurzer historischer Moment, in dem sich Pesne der Landschaftsmalerei zuwandte. In den Bildnissen der vierziger Jahre wird sie auch als Hintergrund wichtig. Besonders schöne Beispiele sind Dietrich Freiherr von Keyserlingk als Jäger mit einer Ansicht des Schlosses Rheinsberg im Hintergrund und die Gräfin Voss, ebenfalls als Jägerin (Abb. 72, 85). Beide Bildnisse gehören zu Porträtserien, die die Räume beherrschten, für die sie bestimmt waren. Das eine Mal waren es vier Freunde, die der König in einem Zimmer des Berliner Schlosses um sich versammelt sehen wollte, das andere Mal waren es acht Hofdamen, die Pesne für die Königin Elisabeth Christine so porträtierte, daß jeweils zwei Bildnisse als Paar zusammenpaßten. Im Umgang mit der Farbe hatte Pesne nun eine äußerste Souveränität erreicht. Er brachte es fertig, Damen in schwarzem Samtkostüm so zu malen, daß diese Farbe heiter und festlich wirkt (Abb 79, 80).

Eine Dame in schwarzem Kleid gehörte auch zu der Redoutengesellschaft, die Pesne 1748 zusammen mit Friedrich Wilhelm Hoeder und vielleicht noch einem anderen Mitarbeiter in einem Zimmer des Charlottenburger Schlosses mit Ölfarbe lebensgroß auf die Wände gemalt hatte, eine Erfindung eher in der Art Lancrets als der Watteaus (Abb. S. 24). Obgleich wir die dargestellten Personen nicht benennen können, wirken sie wie Bildnisse, so wie manche Porträts dieser Jahre als vergrößerte Einzelfiguren aus einem Fête galante aussehen. Die Gesellschaft war illusionistisch in natürlicher Größe so wiedergegeben, daß derjenige, der sich in dem Zimmer befand, das Gefühl haben mußte, zu ihr zu gehören.

Bei den ein Jahr früher gemalten Leinwandpanneaus im Konzertzimmer des Schlosses Sanssouci dagegen hatte Pesne die Aufgabe, diesen Raum durch fünf Szenen aus Ovids "Metamorphosen" als ein Heiligtum der Kunst zu interpretieren und die Gegenwart mit der fernen Sphäre der Mythologie zu verbinden (Abb. 98 - 100). "Pygmalion und Galathea", "Vertumnus und Pomona", "Pan und Syrinx" und "Bacchus und Ariadne" berühren die dem Weinbergschloß gemäßen Themen, bildende Kunst, Obstbau, Musik und Weinbau, während das fünfte Wandbild, das "Bad der Diana", an die Schwester Apollos erinnert, mit dem der König sich auch hier wieder identifiziert haben mochte, ohne indessen im Bild als solcher zu erscheinen. Wie schon früher hat Pesne seinen Mangel an anatomischen Kenntnissen durch eine ornamentale Auffassung der Körper verdeckt, die zudem den Vorteil hatte, mit der plastischen De-

Gesellschaft auf einer Gartenterrasse, Ausschnitt aus einem Wandgemälde im Schloß Charlottenburg, um 1746, zerstört.

koration des Raumes in Einklang zu stehen.
Mit den Jahren, in denen Pesne die Wandbilder von Sanssoucci und Charlottenburg malte, ging die Blütezeit des friderizianischen Rokoko zu Ende. Das Verhältnis des Königs zu den Künstlern trübte sich. 1747 floh Johann August Nahl, der beste der Ornamentbildhauer, aus Preußen nach Kassel. Zwischen dem König und Knobelsdorff trat eine Entfremdung ein, und auch Pesne hatte Grund, über Friedrich zu klagen. 1748 wurden die beiden Pariser Blaise Nicolas Lesueur und Charles Amédee Philippe Vanloo als Hofmaler berufen. Sie standen als Künstler tief unter Pesne, verfügten jedoch über die Fähigkeit, Figuren geschickt und gefällig zu arrangieren. Pesne erhielt kaum noch Aufträge, und ein Gesuch um Unterstützung wurde abgelehnt. So trug er sich 1749 mit dem Gedanken, Preußen als inzwischen Sechsundsechzigjähriger zu verlassen. Im Jahr zuvor hatte er seine Frau verloren. Auch das ließ ihn sein Alter fühlen.

Pesne blieb in Berlin und hat seine Probleme auf eine Weise gelöst, die seine ganze Größe als Künstler offenbart. Auf die Veränderung der äußeren Lebensverhältnisse reagierte er mit einer Verinnerlichung seiner Malerei, wie es knapp hundert Jahre zuvor Rembrandt getan hatte. Vielleicht das schönste Zeugnis dieser künstlerischen und menschlichen Vertiefung ist das Selbstbildnis mit seinen ihm noch verbliebenen Töchtern Henriette Joyard und Marie de Rège, die zusammen mit der Gestalt des Vaters eine fest gefügte Gruppe, Gleichnis eines menschlichen Zusammenhaltes, bilden. Was sie innerlich verbindet, ist Liebe und Treue (Abb. 110). Zwei Hunde sind in diese Gemeinschaft eingeschlossen, ein aus dem Bild schauender Schoßhund, der Gegenstand der Tierliebe ist, und ein größerer Hund, der seine Anhänglichkeit an seinen Herrn zu erkennen gibt. Henriette Joyard, die selber Malerin war, schaut auf das Bild, an dem Pesne gerade arbeitet, und lenkt somit auch das Augenmerk des Betrachters auf die Kunst, während der Maler und seine ihm ähnlich sehende Tochter Marie in fein abgestimmter und doch bemerkenswert differenzierter Parallelität des Blickes sinnend auf den Betrachter sehen. Pesne — nicht im Arbeitskittel, sondern in festlichem Anzug — hält in der Rechten demonstrativ eine Brille und deutet damit an, daß das Alter seine Augen geschwächt hat, aber der Blick scheint zu besagen, daß er anderes dafür nun genauer sieht. Der Gipsabguß vom Kopf einer Apollostatue schlägt das Thema an, das er mehrfach für den König behandelt hat, und der Hinweis auf den Gott verleiht den Töchtern etwas von der Würde der Musen. Ferner liegen auf dem Tisch zwei Bücher, von denen das eine als erster Band einer Ausgabe von Ovids "Metamorphosen" zu erkennen ist. Das ist vielleicht nicht nur ein Hinweis auf die Stoffe, die Pesne in den letzten Arbeiten für den König hauptsächlich zu behandeln hatte, die Vorstellungen von einer Verwandlung und von dem Weiterleben Verstorbener in der Natur, wie es Ovid erzählt, mag der alte Mann auch auf sich selbst bezogen haben. Zu seiner Tochter Marie hatte Pesne offenbar ein besonders herzliches Verhältnis, denn er hat sie um die gleiche Zeit noch zweimal gemalt (Abb. 114). Ihre Kinder, seine Enkelin und seinen Enkel, hat er ebenfalls in zwei sehr warm empfundenen und ganz nah gesehenen Bildnissen porträtiert (Abb. 115, 116). Das Direkte, Offene und Schlichte der spätesten Porträts läßt den Stand der Dargestellten hinter ihrer Menschlichkeit zurücktreten. Damit weist Pesne auf die Entwicklung im späten 18. Jahrhundert, besonders auf Anton Graff, voraus.

Noch einmal erhielt Pesne 1755 einen großen und ehrenvollen Auftrag vom König. Schon vor dem Siebenjährigen Krieg hatte dieser den Bau des Neuen Palais im Park von Sanssouci geplant und vier über vier mal sechs Meter große Bilder als Schmuck eines großen Saales bei französischen Malern in Auftrag gegeben, bei den angesehenen Pariser Künstlern Carle Vanloo, Jean Restout und Jean-Baptiste Marie Pierre sowie bei Antoine Pesne. Es scheint, als habe dieser zunächst einen Raub der Europa malen sollen und später sei statt dessen ein Raub der Helena gewünscht worden (Abb. 118). Eine zweifellos sehr späte Ölskizze mit einem Raub der Europa legt diese Vermutung nahe (Abb. 117). Pesne hat dieser Komposition offensichtlich einen seitenverkehrten Kupferstich nach Watteaus "Einschiffung nach Cythera" zugrunde gelegt, die sich damals noch nicht in Preußen befand. Was den König veranlaßt hat, die eine Entführungsszene durch die andere zu ersetzen, läßt sich ebenfalls nur mutmaßen. Da zwei

Gesellschaft auf einer Gartenterrasse, Ausschnitt aus einem Wandgemälde im Schloß Charlottenburg, um 1746, zerstört.

andere Bilder des Zyklus Szenen aus der Vorgeschichte des Trojanischen Krieges behandeln, mag er auch Pesnes Bild in diesem Zusammenhang haben bringen wollen, der für ihn eine Anspielung auf seine eigenen kriegerischen Unternehmungen war. Pesne hat das Gemälde, das seine Kräfte überforderte, nicht mehr vollenden können. Er starb am 5. August, acht Wochen nach der unglücklichen Schlacht bei Kolin, also in einem Moment, in dem der Staat dem Untergang nahe schien. Sein Schüler Christian Bernhard Rode malte das Riesenbild zu Ende, das erst 1768 in dem nach dem Hubertusburger Frieden rasch aufgeführten Neuen Palais aufgehängt wurde.

Die Kunst Pesnes hat, von Berlin und Potsdam ausstrahlend, sowohl durch die Werke des Meisters selbst wie durch die seiner Schüler, die an benachbarten Höfen wirkten, in der Mitte Deutschlands eine Kultur der Porträtmalerei begründet, deren Zeugnisse durch den letzten Krieg zwar stark vermindert und verstreut worden sind, die aber immer noch deutlich die Bindung dieser Kultur an den Westen in Erinnerung ruft. Die Pflege dieses Erbes sowohl in Potsdam wie im westlichen Teil Berlins ist überdies ein Stück deutscher Gemeinsamkeit.

Verzeichnis der Tafeln

Die Nummern mit dem Buchstaben B beziehen sich auf das Werkverzeichnis von Ekhart Berckenhagen in: Ekhart Berckenhagen, Pierre du Colombier, Margarete Kühn und Georg Poensgen, Antoine Pesne, Berlin 1958

1 **Mädchen im Fenster**, Öl auf Leinwand, 107 x 85 cm, bezeichnet unter dem Kissen: "Ant. Pesne fecit 1706" (B 489)
Staatliche Schlösser und Gärten Potsdam-Sanssouci
Geschenk des Grafen Algarotti an Friedrich den Großen. Seit 1769 im Neuen Palais in Sanssouci nachgewiesen.

2 **Aus dem Fenster winkendes Mädchen**, Öl auf Leinwand, 137 x 100 cm, bezeichnet unten: "Pesne fecit", um 1706 (B 490)
Staatliche Schlösser und Gärten Potsdam-Sanssouci
Seit 1773 im Gästezimmer des Schlosses Sanssouci nachgewiesen.

3 **Mädchen aus dem Fenster schauend**, Öl auf Leinwand, 101 x 71 cm, bezeichnet rechts unten: "Pesne", um 1710 (B 491)
Schloß Pommersfelden
Das Motiv des hochgeschobenen Vorhanges erinnert an das Porträt des Freiherrn von Knyphausen (Tafel 7).

4 **La Trompettina**, Öl auf Leinwand, 113 x 92 cm, um 1708 (B 306a)
Staatliche Schlösser und Gärten Berlin, Schloß Charlottenburg
Die "Trompettina" war eine venezianische Courtisane. Das Bild ist schon vor 1760 im Charlottenburger Schloß nachgewiesen.

5 **Alter Gelehrter**, Öl auf Leinwand, 79,5 x 64,5 cm, bezeichnet rechts oben: "Pesne fecit", um 1710-15 (B 370)
Staatliches Museum Schloß Mosigkau
Für die Studie eines Charakterkopfes in der Art Rembrandts, die zur Ausstattung des Intimen Kabinetts im Schloß Mosigkau gehört, wurden bisher Datierungen um 1730 und um 1755 vorgeschlagen. Es dürfte sich jedoch um ein Frühwerk handeln.

6 **Mädchen mit Strohhut und Gemüsekorb**, Öl auf Leinwand, 94 x 73 cm, bezeichnet links unten: "Pesne fecit", um 1710-15 (B 482)
Bayerische Staatsgemäldesammlungen, München
Das Genrebild mit Anklängen an den Holländer Abraham Bloemaert ist 1804 aus der Fürstbischöflichen Galerie in Würzburg nach München gelangt.

7 **Freiherr Friedrich Ernst von Knyphausen**, Öl auf Leinwand, 270 x 192 cm, um 1710 (B 195a)
Schloß Gödens, Graf Wedel
Eigenhändige Replik nach einem 1707 in Venedig gemalten Original, das 1893 in Schloß Lütetsburg verbrannte. Knyphausen war preußischer Gesandter in Venedig. Eine Skizze von bemerkenswert großem Format (195 x 142 cm) bewahrt das Nationalmuseum in Warschau.

8 **Selbstbildnis**, Öl auf Leinwand, 125 x 93 cm, bezeichnet links: "Pesne fecit", um 1710 (B 244a)
Bayerische Staatsgemäldesammlungen, München
Der Maler trägt eine große Mütze anstelle der Perücke, hat das Hemd geöffnet und gibt sich leger, dennoch tritt er durch Format des Bildes und dargestellte Haltung selbstbewußt vor den Betrachter.

9 **Théodor Giou de Briou**, Öl auf Leinwand, 87 x 62 cm, um 1710 (B 39a)
Staatliche Schlösser und Gärten Berlin, Schloß Charlottenburg
Der etwa fünfundsechzigjährige Dargestellte, in der selbstbewußten Pose eines französischen Repräsentationsporträts, war seit 1706 preußischer Kavallerieoberst und Generaladjutant Friedrichs I. 1709 hat er zusammen mit dem Kronprinzen bei Malplaquet gekämpft.

10 **Bildnis eines Geistlichen**, Öl auf Leinwand, 85 x 71 cm, bezeichnet rechts: "A. Pesne 1711" (B 365)
Staatliche Schlösser und Gärten Berlin, Jagdschloß Grunewald

Das in der Malweise an Rubens erinnernde Bild stellt vielleicht einen der verfolgten Protestanten dar, die in Preußen Zuflucht fanden. Das Buch ist die Bibel.

11 Wahrsagerin, Öl auf Leinwand, 166 x 134 cm, um 1710 (B 471)
Nationalmuseum, Warschau
Zuerst 1786 mit einem ebenfalls in Warschau befindlichen Gegenstück im Berliner Schloß erwähnt.

12 Dame am Spinett und Flötenspieler, Öl auf Leinwand, 118 x 90 cm, um 1710 (B 434)
Staatliche Schlösser und Gärten Potsdam-Sanssouci
Pesne hat die Komposition um 1735 in dem Bildnis Karl Heinrich Grauns und seiner Gemahlin (Tafel 58) variiert. Der Vergleich macht die zeitliche Distanz zwischen beiden Bildern deutlich.

13, Markgraf Philipp Wilhelm von Brandenburg-Schwedt, Öl auf Leinwand, 153 x 117 cm, um 1710 (B 249a)
15 Staatliche Schlösser und Gärten Berlin, Schloß Charlottenburg
Der 1711 gestorbene Markgraf war ein Sohn des großen Kurfürsten aus seiner zweiten Ehe und ein Stiefbruder Friedrichs I. Das Bild, eines der bedeutendsten Werke Pesnes, befand sich noch am Ende des 18. Jahrhunderts in Schloß Schwedt a. O., der Residenz des Markgrafen.

14, Friedrich I. König in Preußen, Öl auf Leinwand, 150 x 110 cm, um 1712 (B 114c)
16 Staatliche Schlösser und Gärten Potsdam-Sanssouci
Das Bildnis variiert das offizielle Porträt des bereits 1697 gestorbenen Hofmalers Gedeon Romandon. Von den links dargestellten Kroninsignien werden Reichsapfel und Szepter noch im Schloß Charlottenburg bewahrt. Der König trägt die Kette des 1701 gestifteten Schwarzen Adlerordens.

17 Empfang August des Starken im Berliner Schloß, Öl auf Leinwand, 48,5 x 62 cm, um 1728 (B 438a)
Staatliche Schlösser und Gärten Berlin, Schloß Charlottenburg
Skizze zu einem großen, von August dem Starken in Auftrag gegebenen Bild, das verschollen ist. Königin Sophie Dorothea steht in der Mitte, ihr gegenüber August der Starke und Friedrich Wilhelm I. Sechs preußische Prinzen und Prinzessinnen sind anwesend. Der Kronprinz fehlt.

18 Stiftung des Schwarzen Adlerordens in Königsberg, Öl auf Leinwand, 47 x 64,5 cm, um 1712 (B 437)
Staatliche Schlösser und Gärten Potsdam-Sanssouci
Der Schwarze Adlerorden, die höchste preußische Auszeichnung, wurde am Vortag der Königskrönung, am 17.1.1701, im Königsberger Schloß gestiftet und damals 22 Persönlichkeiten verliehen. Die Ausführung des Bildes ist vermutlich nach dem Tod Friedrichs I., 1713, unterblieben.

19 Dame als Miniaturmalerin, Öl auf Leinwand, 150 x 116 cm, bezeichnet auf der Rückseite: "Peint par Ant. Pesne à Berlin 1712" (B 379 A)
Staatliche Schlösser und Gärten Berlin, Schloß Charlottenburg
Die unbekannte Dargestellte ist eine Adelige, die sich wohl nur als Dilettantin mit der Malerei beschäftigte. Das Bild ist 1968 erworben worden.

20 Dame mit Orange, Öl auf Leinwand, 152 x 117 cm, um 1711 (B 381)
Staatliche Schlösser und Gärten Berlin, Schloß Charlottenburg
Aus der Hofdamengalerie des Schlosses Monbijou. Vermutlich ist die Hofmeisterin Katharina von Sacetot dargestellt.

21 Albertine Eleonore von der Marwitz, Öl auf Leinwand, 150 x 115 cm, um 1711 (B 337b)
Staatliche Schlösser und Gärten Berlin, Schloß Charlottenburg
Aus der Hofdamengalerie des Schlosses Monbijou. Die Dargestellte, in der früher irrtümlich die Markgräfin Wilhelmine von Bayreuth gesehen wurde, war eine Schwester der Dorothea Luise von Wittenhorst-Sonsfeld (Tafel 22).

22 Dorothea Luise von Wittenhorst-Sonsfeld, Öl auf Leinwand, 152 x 116 cm, um 1711 (B 336b)
Staatliche Schlösser und Gärten Berlin, Schloß Charlottenburg
Aus der Hofdamengalerie des Schlosses Monbijou. Die Dargestellte ging 1732 als Oberhofmeisterin der Markgräfin Wilhelmine nach Bayreuth.

23 Markgräfin Wihelmine von Bayreuth als Kind, Öl auf Leinwand, 135 x 104 cm, um 1710 (B 333a)
Bayreuth, Neues Schloß
Das Bild der 1709 geborenen Schwester Friedrichs des Großen muß Pesne als eines seiner ersten Berliner Werke für die Kronprinzessin Sophie Dorothea geschaffen haben. Nach deren Tod 1757 gelangte es nach Bayreuth.

24 Prinz Heinrich Friedrich von Brandenburg-Schwedt, Öl auf Leinwand, auf Pappe aufgezogen, 78 x 64 cm, um 1712
Staatliche Schlösser und Gärten Berlin, Schloß Charlottenburg
Der 1709 geborene Sohn des Markgrafen Philipp Wilhelm von Brandenburg-Schwedt erhielt 1712 den Schwarzen Adlerorden, den er hier trägt. Kleid und Hündchen begegnen in dem folgenden Bild wieder.

25, Prinz Friedrich Ludwig von Preußen, Öl auf Leinwand, 140 x 110 cm, um 1711 (B 123b)
27 Staatliche Schlösser und Gärten Berlin, Schloß Charlottenburg
Der im Alter von 6 Monaten verstorbene Prinz war das erste Kind des Kronprinzen Friedrich Wilhelm und seiner Gemahlin Sophie Dorothea.

26, Friedrich der Große als Kronprinz mit seiner Schwester Wilhelmine, Öl auf Leinwand, 174 x 163 cm, 1714 (B
28 115a)
Staatliche Schlösser und Gärten Berlin, Schloß Charlottenburg
1758 im Nachlaß der Königin Sophie Dorothea im Berliner Schloß erwähnt und mit 350 Reichstalern am höchsten von den Bildern Pesnes in ihrem Besitz bewertet.

29 Christoph Ludwig Agricola, Öl auf Leinwand, 94 x 74,5 cm, undeutlich bezeichnet, 1714 (B 4a)
Statens Museum for Kunst, Kopenhagen
Der 1667 geborene, hier also 47jährige Landschaftsmaler ist viel gereist. Deshalb stellt Pesne ihn mit einer Karte Oberitaliens dar. Sein Finger zeigt ungefähr auf Venedig, wo er vielleicht vor 1710 Pesne begegnet ist.

30 Johann Sigismund Ebert, Öl auf Leinwand, 94 x 77 cm, bezeichnet rechts oben: "Pesne fecit 17.6" (B 80a)
Mittelrheinisches Landesmuseum, Mainz
Ebert, ein Berliner Maler, der hauptsächlich auf Kupferplatten malte, starb 1727 "ziemlich alt". Die gewöhnlich "1726" gelesene Datierung wäre wohl eher "1716" zu entziffern.

31 Mädchen mit Blumen und Früchten, Öl auf Leinwand, 286 x 269 cm, um 1715 (B 508b)
Staatliche Schlösser und Gärten Potsdam-Sanssouci
Dieses und das folgende Bild sind 1722 im Schloß Lichtenburg in Prettin bei Torgau erwähnt. Pesne hat in beiden Bildern zumindest die Figuren gemalt. Die Stilleben stammen von seinem Schwiegervater Jean-Baptiste Gayot Dubuisson.

32 Mohr mit Blumen und Prunkgefäßen, Öl auf Leinwand, 289 x 240 cm, um 1715 (B 508a)
Staatliche Schlösser und Gärten Potsdam-Sanssouci

33, Selbstbildnis mit Familie, Öl auf Leinwand, 274 x 233 cm, 1718 (B 244b)
35 Staatliche Schlösser und Gärten Potsdam-Sanssouci
36 Zuerst 1769 im Berliner Schloß nachgewiesen.

34 Die Amazonenkönigin Thalestris vor Alexander dem Großen, Öl auf Leinwand, 130 x 182 cm, bezeichnet in der Mitte unten: "Ant. Pesne pingebat 1722" (B 464)
Staatliche Schlösser und Gärten Berlin, Schloß Charlottenburg
Vermutlich hat Pesne das Bild, in dem er sich an Charles Lebruns berühmtes Gemälde "Alexander der Große und die Frauen des Darius" anlehnt, für die Königin Sophie Dorothea gemalt.

37 Jean Mariette, Öl auf Leinwand, 111 x 91 cm, 1723 (B 226a)
Musée Carnavalet, Paris
Das in Paris gemalte Porträt ist eines der Meisterwerke Pesnes. Offenbar wollte der Maler mit den besten Leistungen der Pariser Künstler konkurrieren.

38 Nicolas Vleughels, Öl auf Leinwand, 130 x 99 cm, 1723 (B 320a)
Musée du Louvre, Paris
Das Porträt gehörte dem Freund und Förderer Watteaus Jean Julienne. Er schenkte das Bild 1745 der Akademie. Der Maler Nicolas Vleughels war ebenfalls mit Watteau befreundet.

39 René Dahuron, Öl auf Leinwand, 82 x 65 cm, bezeichnet rechts oben: "ant Pesne pinxit 1725" (B 64a)
Staatliche Schlösser und Gärten Berlin, Schloß Charlottenburg
1786 zuerst im Berliner Schloß erwähnt. Dahuron war als Hofgärtner wesentlich an dem seit 1695 angelegten Charlottenburger Schloßpark beteiligt.

40 **Damenbildnis,** Öl auf Leinwand, 80 x 60 cm, bezeichnet: "Peint par ant. Pesne 1727"
Schloß Detmold
Die unbekannte Dame trägt einen Witwenschleier. Möglicherweise handelt es sich um das Fragment eines größeren Bildes.

41 **Ursule-Anne Pesne,** Öl auf Leinwand, 76 x 61 cm, um 1725 (B 245c)
Privatbesitz, Berlin
Die Tochter des Blumenmalers Jean-Baptiste Gayot Dubuisson hat Pesne 1710 als Vierzehnjährige geheiratet.

42 **Mädchen mit Tauben in den Händen,** Öl auf Leinwand, 76 x 61 cm, bezeichnet links unten: "A. Pesne fecit 1728" (B 477a)
Staatliche Kunstsammlungen, Gemäldegalerie Alte Meister, Dresden
Das vermutlich in Dresden entstandene Gemälde gelangte sogleich nach seiner Vollendung in die dortige Galerie.

43, **König Friedrich Wilhelm I.,** Öl auf Leinwand, 242 x 149 cm, bezeichnet links unten: "Ant Pesne 1729" (B
45 122dc)
Staatliche Schlösser und Gärten Berlin, Schloß Charlottenburg
Vermutlich identisch mit einem für Königin Sophie Dorothea gemalten Bildnis, das 1758 in ihrem Nachlaßinventar als im Berliner Schloß befindlich genannt ist.

44 **König Friedrich Wilhelm I.,** Öl auf Leinwand, 80 x 60 cm, um 1733 (B 122f)
Staatliche Schlösser und Gärten Berlin, Schloß Charlottenburg
Das 1978 erworbene Bildnis hat als Vorlage für eine Medaille von Peter Paul Werner zur Erinnerung an die große Parade des Jahres 1733 gedient.

46, **Prinzessin Friederike Luise und ihr Gemahl Markgraf Karl Wilhelm Friedrich von Brandenburg-Ansbach,**
47 Öl auf Leinwand, 235 x 148 cm, 1729 (B 106c)
Staatliche Schlösser und Gärten Berlin, Schloß Charlottenburg
Gegenstück zu dem Gemälde Tafel 48; ehemals im Berliner Schloß. Entstanden anläßlich der Hochzeit 1729 in Berlin.

48, **Prinzessin Sophie und ihr Gemahl Markgraf Friedrich Wilhelm von Brandenburg-Schwedt,** Öl auf Lein-
49 wand, 235 x 150 cm, 1734 (B 292a)
Staatliche Schlösser und Gärten Berlin, Schloß Charlottenburg
Gegenstück zu dem Gemälde Tafel 47; ehemals im Berliner Schloß. Entstanden anläßlich der Hochzeit 1734 in Berlin.

50 **Friederike Luise Markgräfin von Brandenburg-Ansbach,** Öl auf Leinwand, 141 x 101 cm, um 1729 (B 106d)
Schloß Ansbach
Die Schwester Friedrichs des Großen heiratete 1729 fünfzehnjährig den Markgrafen Karl Wilhelm Friedrich von Brandenburg-Ansbach.

51 **Clemens Samuel Listorp,** Öl auf Leinwand, 145 x 110 cm, um 1734 (B 208a)
Museum für Hamburgische Geschichte, Hamburg
Das Bildnis des Hamburger Juristen, der 1730 Syndicus der Hansestadt wurde, entstand vermutlich 1734, als sich Listorp als außerordentlicher Bevollmächtigter Hamburgs in Berlin aufhielt.

52 **Johann Gustav Reinbeck,** Öl auf Leinwand, 76 x 62 cm, um 1735 (B 266b)
Herzog-August-Bibliothek, Wolfenbüttel
Reinbeck, ein hoch geschätzter Theologe und Philosoph, war zuerst Prediger, dann Probst und schließlich Konsistorialrat in Berlin. Seine Hand ruht auf dem 2. Band seines 1733-39 erschienenen Werkes "Betrachtungen über die in der Augsburger Confession enthüllten göttlichen Wahrheiten".

53 **Elisabeth Oberbüchler,** Öl auf Leinwand, 80 x 65 cm, bezeichnet auf der Rückseite: "Elisabeth Oberbüchlerin — vom St. Johannischen Ambt — aus dem Saltsburgischen — alt 18 Jahr — gemahlt von Antoine Pesne — 1732 d. 14. August".
Herzog-Anton-Ulrich-Museum, Braunschweig
Das Bild gelangte 1758 aus dem Nachlaß der Königin Sophie Dorothea in den Besitz ihrer mit Herzog Karl I. von Braunschweig verheirateten Tochter Philippine Charlotte. Pesne hat das Bild anscheinend an einem Tage gemalt.

54 **Helène Elisabeth Pesne als Nonne,** Öl auf Leinwand, 75,5 x 58,5 cm, vermutlich 1732 (B 246a)
Staatliche Schlösser und Gärten Berlin, Schloß Charlottenburg

Die älteste Tochter des Malers trat 1732 in das Zisterzienserkloster Marienstuhl bei Egeln (Magdeburg) ein. Das Gemälde wurde 1961 erworben.

55 Der Maler King, Öl auf Leinwand, 102 x 79 cm, bezeichnet rechts oben: "ant. Pesne fecit 1734" (B 191a)
Staatliche Schlösser und Gärten Berlin, Jagdschloß Grunewald
Es ist nicht klar, ob es sich bei dem zuerst 1793 im Berliner Schloß nachgewiesenen Porträt um Pesnes Schüler Karl Friedrich King oder um dessen Bruder Philipp King handelt.

56 Christoph Ludwig Freiherr von Seckendorff-Aberdar, Öl auf Leinwand, 144 x 111 cm, bezeichnet auf der Rückseite: "Peinte a Berlin Par Ant: Pesne en 1737" (B 287a)
Germanisches Nationalmuseum, Nürnberg
Der Dargestellte war 1734-37 kaiserlicher Gesandter am Berliner Hof. Er ist hier achtundzwanzig Jahre alt.

57 Gottfried Adolph Daum, Öl auf Leinwand, 143 x 111 cm, um 1735 (B 67b)
Kurpfälzisches Museum, Heidelberg
Der Großkaufmann und Bankier begründete 1712 zusammen mit David Splitgerber die erste Berliner Bank. Er ist hier mit seinem Enkel porträtiert.

58 Karl Heinrich Graun und seine Gattin Anna Luise, Öl auf Leinwand, 140 x 110 cm, um 1735 (B 137a)
Staatliche Schlösser und Gärten Potsdam-Sanssouci
Der Komponist Graun trat 1735 als Kapellmeister in den Dienst des Kronprinzen Friedrich. Das um 1930 erworbene Bild ähnelt in der Komposition dem Gemälde auf Tafel 12.

59 König Friedrich Wilhelm I., Öl auf Leinwand, 141 x 105 cm, um 1733 (B 122e)
Staatliche Schlösser und Gärten Berlin, Schloß Charlottenburg
Möglicherweise handelt es sich um das Bildnis des Königs, das 1742 im Inventar des Schlosses Rheinsberg erwähnt ist.

60 Königin Sophie Dorothea, Öl auf Leinwand, 143 x 112 cm, 1737 (B 293i)
61 Staatliche Schlösser und Gärten Berlin, Schloß Charlottenburg
Geschenk der Dargestellten an den Kronprinzen Friedrich.

63 Fürst Leopold von Anhalt-Dessau, Öl auf Leinwand, 139 x 104 cm, 1736 (B 202f)
Staatliche Schlösser und Gärten Berlin, Schloß Charlottenburg
Seit 1715, als Pesne am Hof Leopolds von Anhalt in Dessau tätig war, hat der Maler den Fürsten mehrfach porträtiert. Das Charlottenburger Bildnis scheint das späteste dieser Reihe zu sein.

62, Herzog Ferdinand von Braunschweig, Öl auf Leinwand, 144 x 110 cm, 1737 (B 93a)
64 Staatliche Schlösser und Gärten Berlin, Schloß Charlottenburg
Der Herzog war einer der bedeutendsten Feldherren seiner Zeit. Er war der Schwager Friedrichs des Großen.

65 Minerva als Beschützerin von Wissenschaft und Kunst, Öl auf Leinwand, 52 x 65 cm, um 1736
Staatliche Schlösser und Gärten Potsdam-Sanssouci
Skizze für das Arbeitszimmer des Kronprinzen in Rheinsberg.

66, Ansicht von Schloß Rheinsberg, Details, Öl auf Leinwand, um 1737 (Gesamtansicht Tafel 67)
67 Staatliche Schlösser und Gärten Berlin, Schloß Charlottenburg
Pesne hat in das Bild, das Georg Wenzeslaus von Knobelsdorff als Supraporte für Königin Sophie Dorothea gemalt hat, die Staffagefiguren eingefügt. Die von einem Mohrendiener begleitete Dame ist die Königin. Kronprinzessin Elisabeth Christine wendet ihren Kopf zurück zu dem halb von hinten gesehenen Kronprinzen. Bei dem Tänzer handelt es sich vermutlich um den Freiherrn Dietrich von Keyserlingk (vgl. Tafel 72).

68 Fürst Joseph Wenzel von Liechtenstein, Öl auf Leinwand, 51 x 32,5 cm, 1735
Staatliche Schlösser und Gärten Berlin, Schloß Charlottenburg
Skizze zu einem lebensgroßen Bildnis von 1735 in Vaduz. Der Dargestellte, ein leidenschaftlicher Sammler von Gemälden, war 1735-38 österreichischer Gesandter in Berlin.

69 Friedrich der Große, Öl auf Leinwand, 143 x 113 cm, 1736 (B 115i)
Burg Hohenzollern
Das offizielle Bildnis des Kronprinzen ist mehrfach gestochen worden.

70 Friedrich der Große, Öl auf Leinwand, 78 x 63 cm, bezeichnet auf der Rückseite: "Original De S.A.R. Monseig-

neur le Prince R. Peint a Reinsberg par ant. Pesne en l'année 1739 et parvenue au Trone le 31 may 1740" (B 115l)
Staatliche Museen Preußischer Kulturbesitz, Gemäldegalerie, Berlin
Der Kopf stimmt mit dem Bildnis von 1736 überein. Das Porträt ist die Grundlage für zahlreiche Bildnisse, die Pesne und seine Werkstatt nach dem Regierungsantritt des Königs gemalt haben.

71 Entwurf für den Theatervorhang des Opernhauses, Öl auf Leinwand, 56 x 81 cm, 1742 (B 453)
Staatliche Schlösser und Gärten Berlin, Schloß Charlottenburg
Als Geschenk von Axel Springer 1978 erworben. Apollo entfernt sich von der Kriegsgöttin und wendet sich den Musen zu, vor allem Thalia (Komödie) und Melpomene (Tragödie) rechts. Die Oper "Unter den Linden" wurde am 7. Dezember 1742 eingeweiht.

72 Dietrich Freiherr von Keyserlingk, Öl auf Leinwand, 24,5 x 18,5 cm, um 1744 (B 188a)
Staatliche Schlösser und Gärten Berlin, Schloß Charlottenburg
Skizze für ein Porträt im Haus Doorn in Holland, das sich ursprünglich im Berliner Schloß befand. Keyserlingk war einer der engsten Freunde Friedrichs des Großen.

73 Isaak Franz Egmont von Chasot, Öl auf Leinwand, 142 x 108 cm, um 1745 (B 50a)
Haus Doorn, Holland
Der geistreiche Franzose, hier im Domino und mit Maske, gehörte zum Rheinsberger Freundeskreis Friedrichs des Großen. Das Bildnis hing zusammen mit dem Keyserlingks (Tafel 72) und Jordans (Tafel 74) im Konzertzimmer des Königs im Berliner Schloß.

74 Charles Etienne Jordan, Öl auf Leinwand, 142 x 109 cm, um 1738 (B 163a)
Haus Doorn, Holland
Charles Etienne Jordan, ein hoch gebildeter Theologe, war seit 1736 Vorleser Friedrichs des Großen und einer seiner engsten Freunde. Das Bild ist anscheinend durch nachträgliche Anstückung auf das Format des Porträts von Chasot (Tafel 73) vergrößert worden, mit dem es zusammen im Berliner Schloß hing.

75 Lautenspieler im Park, Öl auf Leinwand, 35 x 53 cm, um 1745 (B 501)
Staatliche Museen Preußischer Kulturbesitz, Gemäldegalerie, Berlin
Vermutlich Skizze für ein Wandbild. Sie könnte in einem Zusammenhang mit den zweiundfünfzig Fresken stehen, mit denen Friedrich Wilhelm Hoeder 1745 die Lustgartenmauer in Potsdam bemalte.

76 Galante Szene, Öl auf Leinwand, 30,5 x 44,5 cm, um 1745 (B 497)
Staatliche Schlösser und Gärten Berlin, Schloß Charlottenburg
Die Gestalt des Mädchens begegnet übereinstimmend in einem Gemälde Watteaus in der Norton Simon Foundation, Los Angeles.

77 Prinzessin Amalie als Amazone, Öl auf Leinwand, 147 x 114 cm (B 6f)
Staatliche Schlösser und Gärten Berlin, als Leihgabe im Kunstgewerbemuseum
Amalie war die jüngste Schwester Friedrichs des Großen, dem sie durch ihre wissenschaftlichen und musikalischen Fähigkeiten im Alter besonders nahestand. Das Motiv ist durch ein Gemälde Lancrets "Das Jagdfrühstück" angeregt, das sich damals im Besitz Friedrichs des Großen befand.

78 Prinzessin Luise Ulrike, Öl auf Leinwand, 149,5 x 111,5 cm, um 1744 (B 312m)
Staatliche Museen Preußischer Kulturbesitz, Gemäldegalerie, Berlin
Die zweitjüngste Schwester Friedrichs des Großen heiratete 1744 Adolf Friedrich, Prinz von Holstein-Gottorp, der 1751 König von Schweden wurde.

79, Dame in schwarzem Kostüm, Öl auf Leinwand, 144 x 107 cm, um 1745 (B 334a)
81, Staatliche Schlösser und Gärten Berlin, Schloß Charlottenburg
88 Die Parklandschaft im Hintergrund erinnert an die Terrassen von Sanssouci.

80, Anna Elisabeth Gräfin von Arnim-Boytzenburg, Öl auf Leinwand, 144 x 107 cm, (B 281b)
82 Staatliche Schlösser und Gärten Berlin, Schloß Charlottenburg
Die Dargestellte starb bereits 1741 im Alter von 21 Jahren.

83 Dame im Redoutenkostüm, Öl auf Leinwand, 141 x 110 cm, um 1745 (B 312r)
Staatliche Schlösser und Gärten Berlin, Schloß Charlottenburg
Im Hintergrund erscheint eine als Bellona oder Minerva kostümierte Dame.

84 Dame als Sultanin, Öl auf Leinwand, 144 x 107 cm, um 1745 (B 49a)

Staatliche Schlösser und Gärten Berlin, Schloß Charlottenburg
Bildnisse im Kostüm als Sultan oder Sultanin waren seit van Dyck bekannt (1622) und besonders im 18. Jahrhundert beliebt. Auch Watteau hat ein verschollenes Bildnis einer Dame als Sultanin gemalt.

85, Sophie Marie Gräfin Voss, Öl auf Leinwand, 144 x 107 cm, um 1746 (B 323b)
87 Staatliche Schlösser und Gärten Berlin, Schloß Charlottenburg
Das Bild, das vermutlich von dem Porträt einer Dame als Jägerin von Watteau inspiriert ist, entstand angeblich im Schloß Oranienburg bei Berlin, dem Besitz des Prinzen August Wilhelm von Preußen, der sich in die Dargestellte verliebte.

86 Eleonore Freifrau von Keyserlingk, Öl auf Leinwand, 143,5 x 107 cm, um 1745 (B 189a)
Staatliche Schlösser und Gärten Berlin, Schloß Charlottenburg
1742 heiratete die Dargestellte Dietrich Freiherr von Keyserlingk, den engen Freund Friedrichs des Großen (Tafel 72).

89, Die Barbarina, Öl auf Leinwand, 221 x 140 cm, um 1745 (B 46b)
91 Staatliche Schlösser und Gärten Berlin, Schloß Charlottenburg
Die "Barbarina" genannte Tänzerin Barbara Campanini aus Parma holte Friedrich der Große 1744 an die Oper, wo sie bis 1748 auftrat. Sie fiel in Ungnade, heiratete 1749 den Sohn des Großkanzlers Cocceji und lebte in Glogau. 1789 erhob Friedrich Wilhelm II. sie zur Gräfin von Campanini.

90, Marianne Cochois vor Zuschauern tanzend, Öl auf Leinwand, 78,5 x 107 cm, bezeichnet rechts unten: "Ant.
94 Pesne fecit 1745" (B 59a)
Staatliche Schlösser und Gärten Berlin, Schloß Charlottenburg
Ursprünglich im Konzertzimmer des Potsdamer Stadtschlosses. Im Hintergrund rechts sollen der Marquis d'Argens, ein Freund des Königs, und die Schwester der Tänzerin, Babette Cochois, dargestellt sein.

92 Charlotte Friederike Gräfin Sparre, Öl auf Leinwand, 80 x 66 cm, bezeichnet auf der Rückseite: "Peint à Berlin par Antoine Pesne 1744"
Nationalmuseum, Stockholm
Die im Narrenkostüm dargestellte schwedische Gräfin kam 1744 anläßlich der Verlobung des Herzogs Adolf Friedrich von Holstein-Gottorp mit der Prinzessin Luise Ulrike von Preußen nach Berlin.

93, Badende Mädchen, Öl auf Leinwand, 247 x 130 cm, 1746 (B 507m)
96, Staatliche Schlösser und Gärten Berlin, Schloß Charlottenburg
97 Das Motiv der badenden Mädchen in einer Landschaft ist vermutlich von Jean-Baptiste Pater angeregt, von Pesne jedoch in einer ganz neuen, frischen Naturnähe gestaltet.

95 Der Kietz in Freienwalde, Öl auf Papier, auf Leinwand, bezeichnet auf der Rückseite: "ant. Pesne fecit 1745"
Staatliche Schlösser und Gärten Potsdam-Sanssouci
Die Ölstudie ist im August 1745 auf einer Reise nach Freienwalde, die Pesne gemeinsam mit Georg Wenzeslaus von Knobelsdorff und dem Maler Charles Sylva Dubois unternommen hat, vermutlich vor der Natur entstanden.

98 Diana mit ihren Nymphen im Bad, Öl auf Leinwand, 300 x 196 cm, bezeichnet auf dem Beckenrand: "Ant. Pesne fecit 1747" (B 449)
Staatliche Schlösser und Gärten Potsdam-Sanssouci, Schloß Sanssouci
Das Bild ist die Umsetzung des Motivs der "Badenden Mädchen" (Tafel 97) in die Mythologie und in die idealisierte Architekturszenerie.

99 Pygmalion und Galathea, Öl auf Leinwand, 300 x 120 cm, bezeichnet auf dem Hocker: "Ant. Pesne fecit 1747" (B 446)
Staatliche Schlösser und Gärten Potsdam-Sanssouci, Schloß Sanssouci
Auf Bitten Pygmalions verwandelt Venus eine von ihm geschaffene Statue in einen lebendigen Menschen.

100 Vertumnus und Pomona, Öl auf Leinwand, 300 x 120 cm, 1747 (B 447)
Staatliche Schlösser und Gärten Potsdam-Sanssouci, Schloß Sanssouci
Der Gott des Jahreswechsels Vertumnus nähert sich als Liebhaber der Göttin der Obstgärten. Die Komposition ist von einem Gemälde Watteaus inspiriert.

101 Johann Philipp Baratier neben Minerva, Öl auf Leinwand, 130 x 106 cm, um 1735 (B 19)
Musée Antoine-Lécuyer, St. Quentin
Das bisher nur durch einen Stich von Johann Georg Wolfgang von 1741 bekannte Gemälde wurde 1980 vom Mu-

seum erworben. Es befand sich 1758 im Nachlaß der Königin Sophie Dorothea im Schloß Monbijou. Der 1721 geborene Baratier wurde als Wunderkind auf den Gebieten der Mathematik und der Physik bereits 1734 Mitglied der Akademie der Wissenschaften in Berlin. Er starb 1740.

102 Gustav Adolf Graf Gotter und seine Nichte Friederike von Wangenheim in Pilgertracht, Öl auf Leinwand, 107 x 87 cm, um 1750 (B 132e)
Staatliche Schlösser und Gärten Potsdam-Sanssouci.
Der lebenslustige und geistreiche Graf war eine der amüsantesten Erscheinungen am Berliner Hof. Das Paar ist als Pilger und Pilgerin nach Cythera, der Insel der Venus, porträtiert. Das Bild gehörte zur ursprünglichen Ausstattung des Schlosses Sanssouci.

103 Engelbert Wichelhausen, Öl auf Leinwand, 78,5 x 63 cm, um 1750
Focke-Museum, Bremen
Der Dargestellte (1720-1783) wurde später Bremer Senator. Das Bild wurde 1985 als Werk eines englischen Malers um 1750 auf einer Hamburger Auktion erworben.

104 Friedrich Wilhelm Hoeder, Öl auf Leinwand, 142 x 110 cm, bezeichnet links: "Ant. Pesne Pinxit 1745" (B 153a)
Germanisches Nationalmuseum, Nürnberg
Hoeder hat in friderizianischen Schlössern hauptsächlich dekorative Wandmalereien geschaffen. Er war auch Radierer und Bühnenmaler.

105 Prinz Friedrich Wilhelm von Preußen, der spätere König Friedrich Wilhelm II., Öl auf Leinwand, 143 x 111 cm, um 1746 (B 115b)
Schloß Drottningholm
Das Bildnis gilt irrtümlich als Kinderbildnis Friedrichs des Großen.

106 Karoline Henriette, Landgräfin von Hessen-Darmstadt, Öl auf Leinwand, 139 x 110 cm, um 1755 (B 184a)
Schloß Wolfsgarten, Prinzessin Margarete zu Hessen und bei Rhein
Die bedeutende Frau, die "Große Landgräfin", wie Goethe und Herder sie nannten, lebte 1750-57 in Prenzlau.

107 Juliane Freifrau von Buddenbrock, Öl auf Leinwand, 146 x 110 cm, um 1750 (B 43c)
Staatliche Schlösser und Gärten Berlin, Schloß Charlottenburg
Die ehemalige Hofdame der Kronprinzessin Elisabeth Christine, die wegen ihrer Schönheit "Iris" genannt wurde, war seit 1740 mit Johann Jobst Freiherr von Buddenbrock verheiratet. Das Bild wurde 1969 erworben.

108 Dame mit Mohrenknabe, Öl auf Leinwand, 117 x 90 cm, um 1750
Sammlung Axel Springer, Berlin-Schwanenwerder
In der Dargestellten wird die Gräfin Marie Antonie von Schmettau, Tochter des Feldmarschalls Samuel von Schmettau, vermutet, die 1749 den kursächsischen Obersten Freiherr von le Fort heiratete.

109 Santina Olivieri, genannt "La Reggiana", als Muse, Öl auf Leinwand, 145 x 110 cm, bezeichnet auf der Rückseite: "Peint par Antoine Pesne en l'année 1753" (B 241d)
Staatliche Schlösser und Gärten Berlin, Schloß Charlottenburg
Die italienische Tänzerin hielt sich 1752-53 in Berlin auf. Pesne hat sie mehrfach porträtiert. Im Hintergrund Pegasus und andere Musen.

110, Bildnis des Malers mit seinen zwei Töchtern vor der Staffelei, Öl auf Leinwand, 167 x 150 cm, bezeichnet un-
111, ten rechts: "ant. Pesne av.. ses Deux fille Peint P..luy mesme 1754" (B 2440)
112 Staatliche Museen Preußischer Kulturbesitz, Gemäldegalerie, Berlin
Spätes Hauptwerk des 71jährigen Pesne.

113 Madame Denis, Öl auf Leinwand, 81 x 66 cm, um 1750 (B 68a)
Staatliche Schlösser und Gärten Berlin, Schloß Charlottenburg
Die venezianische Tänzerin traf 1749 in Berlin ein, um die Nachfolgerin der "Barbarina" zu werden.

114 Marie de Rège, Öl auf Leinwand, 76 x 61 cm, um 1754 (B 263f)
Staatliche Schlösser und Gärten Berlin, Schloß Charlottenburg
Das Bildnis der zweiten Tochter Pesnes wurde 1983 anläßlich des 300. Geburtstages des Malers erworben.

115 Bildnis der Enkelin des Künstlers mit einem Mops, Öl auf Leinwand, 63 x 47 cm, um 1750-55 (B 264a)

Staatliche Museen Preußischer Kulturbesitz, Gemäldegalerie, Berlin
Dargestellt ist die Tochter der Marie de Rège (Tafel 114).

116 Bildnis des Enkels des Künstlers mit einem Vogel, Öl auf Leinwand, 63 x 47 cm, um 1750-55 (B 264a)
Staatliche Museen Preußischer Kulturbesitz, Gemäldegalerie, Berlin
Dargestellt ist der Sohn der Marie de Rège (Tafel 114).

117 Raub der Europa, Skizze, Öl auf Leinwand, 80 x 106 cm, um 1755 (B 454)
Staatliche Schlösser und Gärten Potsdam-Sanssouci
Möglicherweise stammt das Bild aus dem Besitz der Prinzessin Amalie von Preußen.

118 Raub der Helena, Skizze, Öl auf Leinwand, 79 x 114 cm, um 1757 (B 455)
Staatliche Schlösser und Gärten Potsdam-Sanssouci
Zu dem von Bernhard Rode vollendeten großen Gemälde im Neuen Palais sind insgesamt drei Ölskizzen und eine Zeichnung bekannt.

Photo: Roland Handrick, Potsdam

1 Mädchen am Fenster, 1706, Staatliche Schlösser und Gärten Potsdam-Sanssouci (siehe S. 11)

Photo: Roland Handrick, Potsdam

2 Aus dem Fenster winkendes Mädchen, um 1706, Staatliche Schlösser und Gärten Potsdam-Sanssouci
(siehe S. 11)

3 Mädchen aus dem Fenster schauend, um 1710, Schloß Pommersfelden (siehe S. 11)

4 La Trompettina, um 1708, Staatliche Schlösser und Gärten Berlin, Schloß Charlottenburg (siehe S. 10)

5 Alter Gelehrter, um 1710-15, Staatliche Museen Schloß Mosigkau (siehe S. 18)

6 Mädchen mit Strohhut und Gemüsekorb, um 1710-15, Bayerische Staatsgemäldesammlungen, München (siehe S. 18)

7 Freiherr Ernst Friedrich von Knyphausen, um 1710, Schloß Gödens, Graf Wedel (siehe S. 6)

8 Selbstbildnis, um 1710, Bayerische Staatsgemäldesammlungen, München (siehe S. 11)

Photo: Jörg P. Anders, Berlin

9 Théodor Giou de Briou, um 1710, Staatliche Schlösser und Gärten Berlin, Schloß Charlottenburg

10 Bildnis eines Geistlichen, 1711, Staatliche Schlösser und Gärten Berlin, Jagdschloß Grunewald

11 Wahrsagerin, um 1710, Nationalmuseum Warschau (siehe S. 14)

12 Dame am Spinett und Flötenspieler, um 1710, Staatliche Schlösser und Gärten Potsdam-Sanssouci (siehe S. 14, 19)

13 Markgraf Philipp von Brandenburg-Schwedt, um 1710, Staatliche Schlösser und Gärten Berlin, Schloß Charlottenburg

14 König Friedrich I., um 1712, Staatliche Schlösser und Gärten Potsdam-Sanssouci (siehe S. 12)

15 Ausschnitt aus Tafel 13

16 Ausschnitt aus Tafel 14

17 Empfang Augusts des Starken im Berliner Schloß, um 1728, Staatliche Schlösser und Gärten Berlin, Schloß Charlottenburg

18 Stiftung des Schwarzen Adlerordens in Königsberg, um 1712, Staatliche Schlösser und Gärten Potsdam-Sanssouci (siehe S. 12)

19 Dame als Miniaturmalerin, 1712, Staatliche Schlösser und Gärten Berlin, Schloß Charlottenburg (siehe S. 12)

20 Dame mit Orange, um 1711, Staatliche Schlösser und Gärten Berlin, Schloß Charlottenburg (siehe S. 13)

21 Albertine Eleonore von der Marwitz, um 1711, Staatliche Schlösser und Gärten Berlin, Schloß Charlottenburg

Photo: Jörg P. Anders, Berlin

22 Dorothea von Wittenhorst-Sonsfeld, um 1711, Staatliche Schlösser und Gärten Berlin, Schloß Charlottenburg (siehe S. 13)

23 Markgräfin Wilhelmine von Bayreuth als Kind, um 1710, Neues Schloß Bayreuth (siehe S. 13)

24 Prinz Heinrich Friedrich von Brandenburg-Schwedt, um 1712, Staatliche Schlösser und Gärten Berlin, Schloß Charlottenburg (siehe S. 13)

25 Prinz Friedrich Ludwig von Preußen, um 1711, Staatliche Schlösser und Gärten Berlin, Schloß Charlottenburg (siehe S. 13)

26 Friedrich der Große als Kronprinz und seine Schwester Wilhelmine, 1714, Staatliche Schlösser und Gärten Berlin, Schloß Charlottenburg (siehe S. 16)

27 Ausschnitt aus Tafel 25

28 Ausschnitt aus Tafel 26

29 Christoph Ludwig Agricola, 1714, Statens Museum for Kunst, Kopenhagen (siehe S. 18)

30 Johann Sigismund Ebert, 1716, Mittelrheinisches Landesmuseum, Mainz (siehe S. 18)

31 Mädchen mit Blumen und Früchten, um 1715, Staatliche Schlösser und Gärten Potsdam-Sanssouci (siehe S. 11, 17)

32 Mohr mit Blumen und Prunkgefäßen, um 1715, Staatliche Schlösser und Gärten Potsdam-Sanssouci
(siehe S. 11, 17)

33 Selbstbildnis mit Familie, 1718, Staatliche Schlösser und Gärten Berlin, Schloß Charlottenburg (siehe S. 16, 17)

34 Amazonenkönigin Thalestris vor Alexander dem Großen, 1722, Staatliche Schlösser und Gärten Berlin, Schloß Charlottenburg (siehe S. 18)

35 Ausschnitt aus Tafel 33

36 Ausschnitt aus Tafel 33

Photo: Phototheque, Paris

37 Jean Mariette, 1723, Musée Carnavalet, Paris (siehe S. 16)

38 Nicolas Vleughels, 1723, Museé du Louvre, Paris (siehe S. 16)

Photo: Jörg P. Anders, Berlin

39 René Dahuron, 1725, Staatliche Schlösser und Gärten Berlin, Schloß Charlottenburg (siehe S. 18)

40 **Damenbildnis,** 1727, Schloß Detmold)

41 Ursule-Anne Pesne, um 1725, Privatbesitz, Berlin

42 Mädchen mit Tauben in den Händen, 1728, Staatliche Kunstsammlungen, Gemäldegalerie Alte Meister, Dresden (siehe S. 17)

43 König Friedrich Wilhelm I., 1729, Staatliche Schlösser und Gärten Berlin, Schloß Charlottenburg (siehe S. 16)

44 König Friedrich Wilhelm I., um 1733, Staatliche Schlösser und Gärten, Berlin, Schloß Charlottenburg

45 Ausschnitt aus Tafel 43

46 Ausschnitt aus Tafel 47

47 Prinzessin Friederike Luise und ihr Gemahl Markgraf Karl Wilhelm Friedrich von Brandenburg-Ansbach, 1729, Staatliche Schlösser und Gärten, Berlin, Schloß Charlottenburg (siehe S. 18)

48 Prinzessin Sophie und ihr Gemahl Markgraf Friedrich Wilhelm von Brandenburg-Schwedt, 1734, Staatliche Schlösser und Gärten Berlin, Schloß Charlottenburg (siehe S. 19)

49 Ausschnitt aus Tafel 48

Rechte Seite:
50 Friederike Luise Markgräfin von Brandenburg-Ansbach

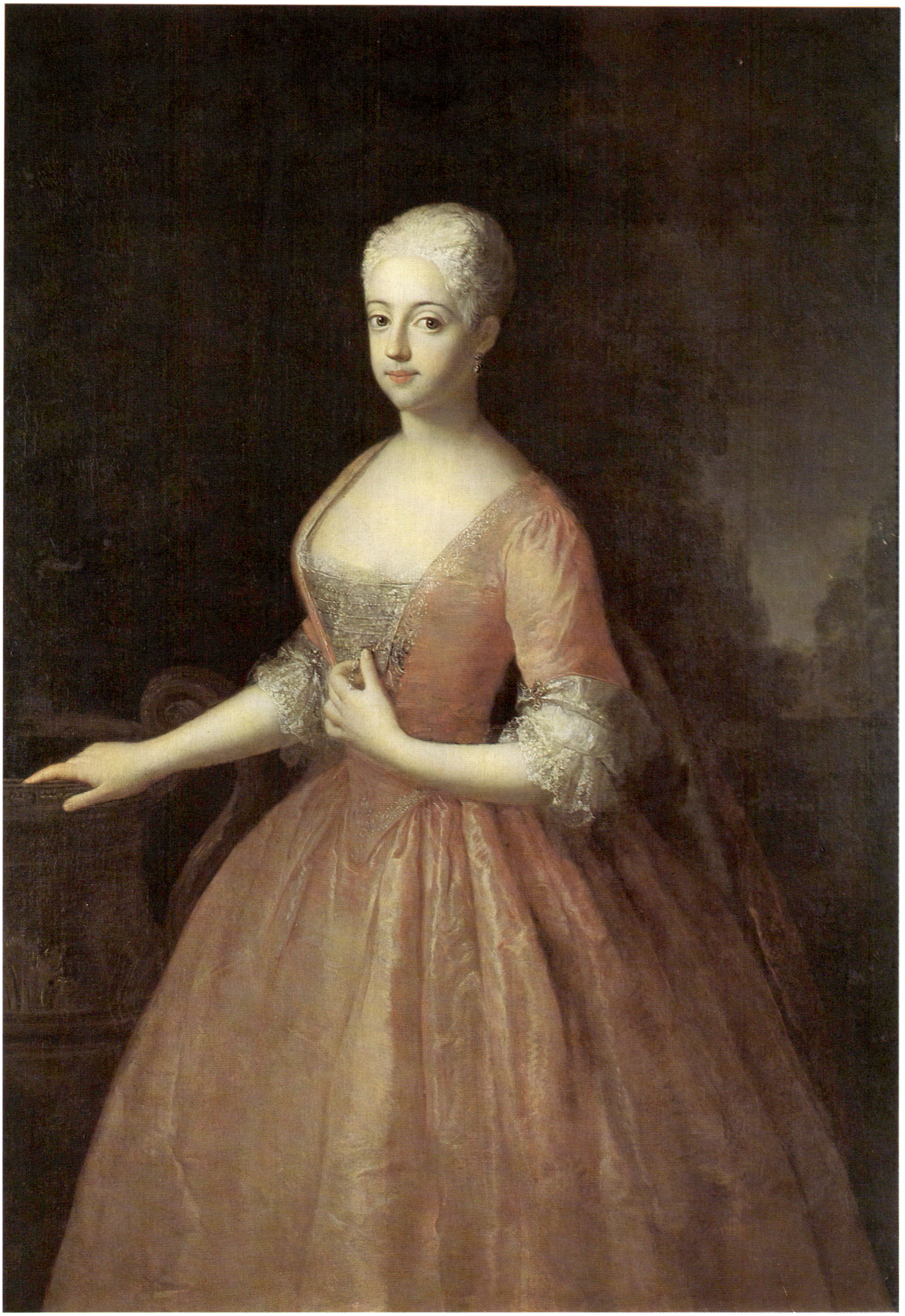

51 Clemens Samuel Listorp, um 1734, Museum für Hamburgische Geschichte, Hamburg

52 Johann Gustav Reinbeck, um 1735, Herzog-August-Bibliothek, Wolfenbüttel (siehe S. 19)

53 Elisabeth Oberbüchler, 1732, Herzog-Anton-Ulrich-Museum, Braunschweig (siehe S. 19)

54 Helène Elisabeth Pesne als Nonne, um 1732, Staatliche Schlösser und Gärten Berlin, Schloß Charlottenburg (siehe S. 19)

55 Der Maler King, 1734, Staatliche Schlösser und Gärten Berlin, Jagdschloß Grunewald

56 Christoph Ludwig Freiherr von Seckendorff-Aberdar, 1737, Germanisches Nationalmuseum Nürnberg

57 Gottfried Adolph Daum, um 1735, Kurpfälzisches Museum, Heidelberg

58 Karl Heinrich Graun und seine Gemahlin Anna Luise, um 1735, Staatliche Schlösser und Gärten Potsdam-Sanssouci (siehe S. 19)

59 König Friedrich Wilhelm I., um 1733, Staatliche Schlösser und Gärten Berlin, Schloß Charlottenburg

60 Königin Sophie Dorothea, 1737, Staatliche Schlösser und Gärten Berlin, Schloß Charlottenburg (siehe S. 20)

61 Ausschnitt aus Tafel 60

62 Ausschnitt aus Tafel 64

63 Fürst Leopold von Anhalt-Dessau, 1736, Staatliche Schlösser und Gärten Berlin, Schloß Charlottenburg (siehe S. 21)

64 Herzog Ferdinand von Braunschweig, um 1737, Staatliche Schlösser und Gärten Berlin, Schloß Charlottenburg (siehe S. 21)

65 Minerva als Beschützerin von Wissenschaft und Kunst, um 1736, Staatliche Schlösser und Gärten, Potsdam-Sanssouci (siehe S. 22)

Photo: Jörg P. Anders, Berlin

66 Ausschnitt aus der Ansicht von Rheinsberg und Georg Wenzelslaus von Knobelsdorff, um 1737,
Staatliche Schlösser und Gärten Berlin, Schloß Charlottenburg (siehe S. 19)

67 Ausschnitt aus der Ansicht von Rheinsberg von Georg Wenzeslaus von Knobelsdorff, um 1737, Staatliche Schlösser und Gärten Berlin, Schloß Charlottenburg (siehe S. 19)

68 Fürst Joseph Wenzel von Lichtenstein, 1735, Staatliche Schlösser und Gärten Berlin, Schloß Charlottenburg

Sammlung SKH Dr. Louis Ferdinand Prinz von Preußen, Burg Hohenzollern

69 Friedrich der Große, 1736, Burg Hohenzollern (siehe S. 21)

70 Friedrich der Große, 1739/40, Staatliche Museen Preußischer Kulturbesitz, Gemäldegalerie, Berlin (siehe S. 21)

71 Entwurf für den Theatervorhang des Opernhauses, 1742, Staatliche Schlösser und Gärten Berlin, Schloß Charlottenburg (siehe S. 22)

72 Dietrich Freiherr von Keyserlingk, um 1744, Staatliche Schlösser und Gärten Berlin, Schloß Charlottenburg (siehe S. 23)

73 Isaak Franz Egmont Chasot, um 1745, Haus Doorn, Holland

74 Charles Etienne Jordan, um 1738, Haus Doorn, Holland

"Bildarchiv Preußischer Kulturbesitz" — bpk —, Berlin

75 Lautenspieler im Park, um 1745, Staatliche Museen Preußischer Kulturbesitz, Gemäldegalerie, Berlin

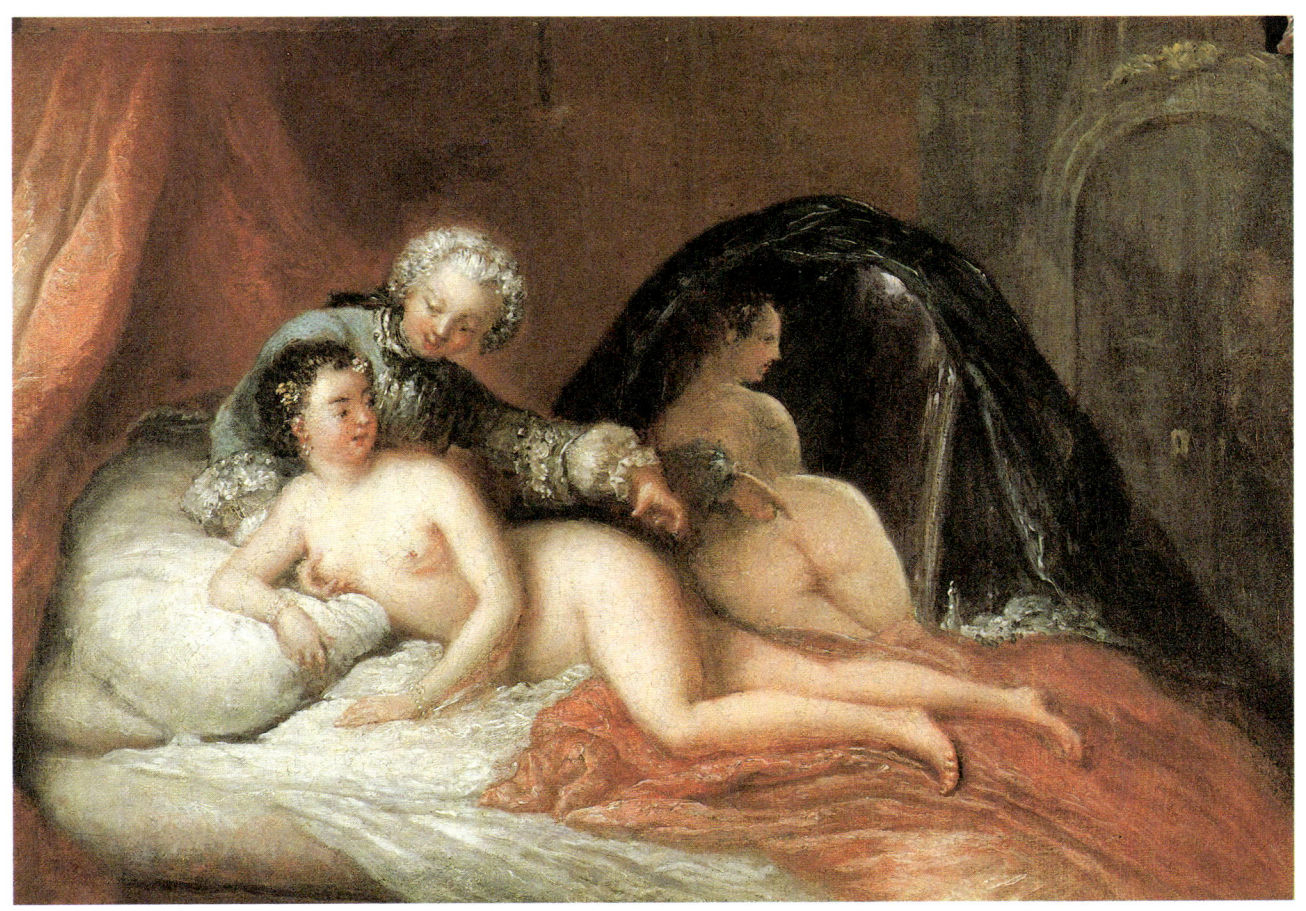

Photo: Jörg P. Anders, Berlin

76 Galante Szene, um 1745, Staatliche Schlösser und Gärten Berlin, Schloß Charlottenburg

77 Prinzessin Amalie als Amazone, um 1744, Staatliche Schlösser und Gärten Berlin, Kunstgewerbemuseum

78 Prinzessin Luise Ulrike, um 1744, Staatliche Museen Preußischer Kulturbesitz, Gemäldegalerie, Berlin

79 Dame in schwarzem Kostüm, um 1745, Staatliche Schlösser und Gärten Berlin, Schloß Charlottenburg (siehe S. 23)

80 Anna Elisabeth Gräfin von Arnim-Boytzenburg, um 1740, Staatliche Schlösser und Gärten Berlin, Schloß Charlottenburg (siehe S. 23)

81 Ausschnitt aus Tafel 79

82 Ausschnitt aus Tafel 80

83 Dame im Redoutenkostüm, um 1745, Staatliche Schlösser und Gärten Berlin, Schloß Charlottenburg

84 Dame als Sultanin, um 1745, Staatliche Schlösser und Gärten Berlin, Schloß Charlottenburg

85 Sophie Marie Gräfin Voss, um 1746, Staatliche Schlösser und Gärten Berlin, Schloß Charlottenburg (siehe S. 23)

86 Eleonore Freifrau von Keyserlingk, um 1745, Staatliche Schlösser und Gärten Berlin, Schloß Charlottenburg

87 Ausschnitt aus Tafel 85

88 Ausschnitt aus Tafel 79

89 Die Barbarina, um 1745, Staatliche Schlösser und Gärten Berlin, Schloß Charlottenburg (siehe S. 22)

Photo: Jörg P. Anders, Berlin

90 Marianne Cochois vor Zuschauern tanzend, 1745, Staatliche Schlösser und Gärten Berlin, Schloß Charlottenburg (siehe S. 22)

91 Ausschnitt aus Tafel 89

92 Charlotte Friederike Gräfin Sparre, 1744, Nationalmuseum, Stockholm

93 Ausschnitt aus Tafel 97

94 Ausschnitt aus Tafel 90

95 Der Kietz in Freienwalde, 1745, Staatliche Schlösser und Gärten Berlin, Schloß Charlottenburg (siehe S. 23)

96 Ausschnitt aus Tafel 97

97 Badende Mädchen, 1746, Staatliche Schlösser und Gärten Berlin, Schloß Charlottenburg, Leihgabe (siehe S. 23)

98 Diana mit ihren Nymphen im Bad, 1747, Staatliche Schlösser und Gärten Potsdam-Sanssouci, Schloß Sanssouci (siehe S. 23)

99 Pygmalion und Galathea, 1747, Staatliche Schlösser und Gärten Potsdam-Sanssouci, Schloß Sanssouci
 (siehe S. 23)

100 Vertumnus und Pomona, 1747, Staatliche Schlösser und Gärten Potsdam-Sanssouci, Schloß Sanssouci
(siehe S. 23)

101 Johann Philipp Baratier neben Minerva, um 1735, Musée Antoine-Lécuyer, St. Quentin

Photo: Roland Handrick, Potsdam

102 Gustav Adolf Graf Gotter und seine Nichte Friederike von Wangenheim in Pilgertracht, um 1750, Staatliche Schlösser und Gärten Potsdam-Sanssouci

103 Engelbert Wichelhausen, um 1750, Focke-Museum, Bremen

104 Friedrich Wilhelm Hoeder, 1748, Germanisches Nationalmuseum, Nürnberg

105 Prinz Friedrich Wilhelm von Preußen, der spätere König Friedrich Wilhelm II., um 1746, Schloß Drottingholm

106 Karoline Henriette Landgräfin von Hessen-Darmstadt, um 1755, Schloß Wolfsgarten, Prinzessin Margarete zu Hessen und bei Rhein

107 Juliane Freifrau von Buddenbrock, um 1750, Staatliche Schlösser und Gärten Berlin, Schloß Charlottenburg

108 Dame mit Mohrenknabe, um 1750, Sammlung Axel Springer, Berlin-Schwanenwerder

109 Santina Olivieri, genannt La Reggiana, 1753, Staatliche Schlösser und Gärten Berlin, Schloß Charlottenburg

"Bildarchiv preußischer Kulturbesitz" — bpk —, Berlin

110 Bildnis des Malers mit seinen zwei Töchtern, 1754, Staatliche Museen, Preußischer Kulturbestiz, Gemäldegalerie, Berlin (siehe S. 24)

111 Ausschnitt aus Tafel 110

112 Ausschnitt aus Tafel 110

113 Madame Denis, um 1750, Staatliche Schlösser und Gärten Berlin, Schloß Charlottenburg

114 Marie de Rège, um 1754, Staatliche Schlösser und Gärten Berlin, Schloß Charlottenburg (siehe S. 25)

115 Bildnis der Enkelin des Künstlers mit Mops, um 1750-55, Staatliche Museen Preußischer Kulturbesitz, Gemäldegalerie, Berlin (siehe S. 25)

116 Bildnis des Enkels des Künstlers mit einem Vogel, um 1750-55, Staatliche Museen Preußischer Kulturbesitz, Gemäldegalerie, Berlin (siehe S. 25)

117 Raub der Europa, Skizze, um 1755, Staatliche Schlösser und Gärten Potsdam-Sanssouci (siehe S. 25)

Photo: Roland Handrick, Potsdam

118 Raub der Helena, Skizze, um 1757, Staatliche Schlösser und Gärten Potsdam-Sanssouci (siehe S. 25)

Quellen

Matthias Oesterreich, Beschreibung derjenigen Sammlung verschiedener Original-Gemälde von italienischen, holländischen, französischen und deutschen Meistern, welche das Cabinet ausmachen von Johann Georg Eimbke, Berlin 1761, S. 43-49[1)]

Ein Mann, wie Pesne, der sich zweyen unsrer grösten Könige durch seine Kunst achtbar zu machen gewußt hat, verdienet es unstreitig, daß sein Leben beschrieben werde. Zwar ist es nur ein kurzer Riß, den ich davon geben kann; ich weiß aber, daß man ihn um der Wichtigkeit der Person willen, von der ich ihn gebe, mit Vergnügen aufnehmen, und damit so lange zufrieden seyn werde, bis Zeit und Umstände es erlauben, ein mehrers mitzutheilen.

Antoine Pesne war im Jahr 1684 in Paris gebohren[2)]. Sein Vater gab ihm den ersten Unterricht in der Mahlerey, der aber der beste nicht seyn konnte, da er selbst ein mittelmäßiger Mahler war, von dem ausser verschiedenen Kupfern, die er nach den Gemählden des Poussin und andrer Meister geätzt hat, nichts Erhebliches bekannt ist[3)]. Von seinem Vater kam er unter die Hände seines Vetters, Charles de la Fosse, der ihm eine bessere Gelegenheit verschafte, sein ihm angebohrenes Genie zu entwickeln, und sich keine geringe Geschicklichkeit in seiner Kunst zu erwerben. Als er diesen Lehrer verlies, reisete er nach Italien, wo er Venedig zu seinem Aufenthalte vorzüglich erwählte, weil er hie selbst eine große Anzahl schöner Gemählde zu sehen bekam, die man von der Hand eines Titien, Paul Veronese und Tintoret waren. Um die Zeit lebte eben der berühmte Chevalier Andrea Celesti. Pesne fand Mittel, sich seiner Freundschaft würdig zu machen, und unter dieses Mannes Aufsicht und von dessen Rathe geleitet, fieng Pesne an, die meisten Werke des Titien und Paul Veronese zu copiren, die er in den Kirchen und Schulen von Venedig vorfand, und die in den unten angeführten Werken umständlich genug beschrieben worden (Il Ritratto di Venezia in 8tavo Venetia 1686. Descritzione di tutte Le pubbliche Pitture di Venezia, di Marco Boschini, in 8tavo in Venezia 1733.) Je mehr Pesne Geschmack für diese Muster bekam, je eifriger wurde er in seinem Fleiße, und Fleiß und Geschmack nahmen bey ihm in gleichem Grade zu, weil einer den andern vermehrte.

Nach einigen Jahren von unermüdeter Uebung konnte es nicht fehlen, daß er nicht selbst die grossen Fortgänge wahrnehmen sollte, die er in Einsichten und Kunstfertigkeiten gethan hatte.

Seiner Talente und erworbenen Geschicklichkeit gewis, fieng er also an, aus eigener Erfindung zu arbeiten. Der große Beifall, womit diese Arbeiten von seinem Meister und von iedem Liebhaber und Kenner der Kunst aufgenommen wurden, überführte ihn, daß er sich weniger zugetraut habe, als diejenigen von ihm glaubten, die ihn beurtheilen konnten. Er verfertigte hier auch einige Portraits, die seinen Pinsel nicht weniger in Ansehen setzten. Der viele Umgang mit dem Ritter Celesti, und die große Achtung, die er für ihn hatte, nahmen ihn für dessen Art zu mahlen so stark ein, daß er ihn darinn nachahmte, und sich nach seinem Geschmack bildete. Hierauf fand er Gelegenheit, nach London zu reisen, wo der Baron Gottfried Kneller in dem größten Rufe und Ansehen stand[4)]. Einem solchen Genie, als Pesne war, kostete es wenig Mühe, mit diesem Metier bekannt zu werden, und diese Bekanntschaft sowohl, als seine eigne Verdienste verschaften ihm bald den Vorteil, verschiedene Portraits zu mahlen, wodurch er sich Achtung und reichliche Belohnungen erwerben konnte. Er hatte Gelegenheit Anno 1707. das Portrait des Herrn Barons von Kniphausen zu mahlen[5)]. Er hat ihn in Lebensgrösse, und neben ihm einen Mohren und einen Hund gemahlt. Was man einen Ausbund von Schönheiten der Kunst nennen konnte, war in diesem Bilde zu finden. Eine feurige Composition, ein schönes Colorit, eine vortreffliche Haltung und eine meisterhafte Ausführung. Der Herr Geheimde Rath von Hertzberg besitzen gegenwärtig dieses Meisterstück der Kunst. Und dieses war es auch eigentlich, was unsern Pesne in Berlin auf die rühmlichste Art bekannt machte, und zu einer Gelegenheit seines Berufs dahin im Jahre 1708. wurde[6)]. In Berlin verfertigte er verschiedene Portraits, die seinen Ruhm so sehr vermehrten, daß der König ihn des Charakters seines ersten Hofmalers würdig hielt. Das vollkommenste Werck, das er hier geliefert hat, war das Familienstück von dem Herrn Baron von Erlach und dessen Familie, das vier gantze Figuren in Lebensgröße vorstellt und in des Herrn Johann Ernst Gotzkowsky auserlesenen Sammlung von Gemählden anzutreffen ist (Spezification verschiedener Original-Gemählde, pag. 33. No. 126. ist dasselbe Bild. Es ist Anno 1711. gemahlt.)[7] Wenn kein andres Werk von diesem großen Meister vorhanden wäre, als dies leztere; so würde dieses schon allein seine Einsichten in die Mahlerey bezeugen, und seine Verdienste unsterblich machen können. Denn man vermisset in diesem Stücke keine einzige derienigen Vollkommenheiten, die man zu einem vortreflichen Gemählde erfordert. Und ein ieder, der Geschmack und eine richtige, von allen Vorurtheilen gereinigte, Kenntniß von den Werken der Mahlerey besitzt, wird zugeben müssen, daß dieses und das vorerwähnte Portrait des Herrn von Kniphausen den Arbeiten eines Paul Veronese, eines Rubens und eines van Dyck zur Seite gesezt werden können.

Von dem Jahre 1708. an bis zum Jahre 1726. hat Pesne allhier lauter Meisterstücke gemahlt, die so viel Genie als Kunst verriethen. Aber von diesem Zeitpunkte an bis zum Jahr 1745. hat er manche mittelmäßige Arbeiten geliefert. Gewis hatte sich sein Genie, um die Ursache aus dem Batteux (Les Beaux Arts reduits à un même principe, chapitre IV. pag. 31 in 8tave à Paris 1747. Einleitung in die schönen Wissenschaften. Nach dem Französischen des Herrn Batteux, von C. W. Ramler. Erster Band pag. 31. Leipzig 1756.) zu entlehnen entweder erschöpft, oder ermüdet, und es war ihm nur allein der Geschmack übrig geblieben, der auch noch unter den Leitungen des Genies stand und arbeitete. Allein auch dies ist gewis, daß selbst in den schlechten Arbeiten eines Pesne viel mehr Gutes ist, als ein grosser Teil der Künstler wohl sonst in seine besten Werke zu bringen vermag.

Pesne suchte nun seine erste Art zu mahlen wieder hervor; allein sein Bemühen gelung ihm nicht so völlig. Indessen verfertigte er noch eine ziemliche Anzahl schöner Portraits, Gemählde und Plat-Fonds, für Ihro Majestät den iezt regierenden König; für eben denselben ein sehr schönes Zimmer in Sanssouci[8], und auch einige schöne Stücke für verschiedene Liebhaber. Sein angefangenes grosses Gemählde für Ihro Majestät den König, welches den Raub der Helena vorstellt, ist nicht fertig geworden. Pesne hatte sich fünf Entwürfe davon gemacht, und so viele mahl auch das Gemälde selbst verändert, weil ihn seine tiefe Einsicht und sein ausnehmend feiner Geschmack mit dem ersten Gedancken niemals zufrieden seyn liessen[9]; und das war die Ursache, daß er dieses Werk nicht endigte. Wenige Wochen vor seinem Tode änderte er noch etwas an der einen Esquisse. In seinen letzten Jahren ahmte er Rembrands Art zu mahlen nach, und das mit einem solchen guten Erfolge, daß er ohne Bedencken dem Rembrand gleich gesetzt werden kann, und durch die Zeichnung und das Reizende, so er in seine Gemählde gebracht hat, ihm wohl gar den Vorzug abgewonnen hat. Mit eben dem Erfolge hat er auch einige Sachen in dem Geschmacke des Lancret gemahlt. Pesne studirte und arbeitete in seinem Alter mit dem Eifer, mit welchem andre Künstler kaum anzufangen pflegten. Nimmer zufrieden mit sich selbst, so geschickt er auch war, andre über ihre Erwartung zu befriedigen, glaubte er noch lange nicht der vollkommene Meister in seiner Kunst zu seyn, der er doch in der That war. Aus diesem ädlen Mistrauen in sich und seine Verdienste, das vielleicht der sicherste Prüfstein einer wirklich grossen Seele ist, entstand eben iener Eifer, den er bis an seinen Tod fortsetzte, der den 5. August des Jahres 1757. erfolgte. Sein Tod war ein wahrhafter Verlust für die Mahlerkunst und deren Liebhaber: denn in ihm verloren beide den geschicktesten Meister dieses Jahrhunderts. Er war es aber auch für seine Freunde, die in ihn den gefälligsten Freund sich geraubet sahen. Er war es überhaupt für alle die, die ihn gekannt hatten, weil er sich ihnen durch sein leutseliges einnehmendes Wesen, und durch seinen geistvollen Umgang verehrungswürdig gemacht hatte.

Wenn Pesne nichts weiter vor sich hätte, als dieses, daß ihn ein König, wie Friedrich, nicht wegen seiner Kunst allein, sondern auch seines moralischen Charakters wegen, ausnehmend geschätzt hat, daß ihn das Haus dieses Königes und dessen Hof aus eben den Ursachen achtete; so würde dieses allein schon die gültigste Versicherung für seinen Wert geben. Stellen, die iemand bekleidet, sind nicht allemal Gewährleistungen für das Verdienst; bey Pesnen aber waren die ansehnlichsten Stellen, die er als Mahler bekleiden konnte, die Stelle des ersten Hofmahlers und die eines Direktors der Königlichen Mahlerakademie, auch in der That das, was sie seyn sollen, Beweise des Zutrauens und der Gnade seiner Fürsten, welche er sich durch seine Verdienste erworben hatte. So wie die Wercke, die er der Welt nachgelassen, unsterbliche Zeugnisse seiner meisterhaften Geschicklichkeit, die Bewunderung der Kenner, die Ehre unseres Jahrhunderts, und ein Lob auf die Regierung zweener der grösten Könige unsrer Monarchie seyn werden.

Bey der außerordentlichen Achtung, worin Pesne stand, und bey dem unermüdeten Fleisse, womit er arbeitete, mußten seine häuslichen Umstände nothwendig so vortheilhaft werden, als es hernach der Nachlaß nach seinem Tode auswies. Für den Künstler und die Liebhaber der Kunst sind seine Arbeiten der schäzbarste Nachlaß. Er hat sich zu zweyenmahlen selbst mit seiner Familie gemahlt. Das eine dieser Familienstücke besitzen seine Nachkommen[10], das andre wird in der Königlichen Gallerie auf dem hiesigen Schlosse in Berlin aufbehalten[11]. Sein Bildniß hat der berühmte Kupferstecher G. Fr. Schmidt gestochen. Pesne verdiente es auch, daß ihn, der im Mahlen der gröste Meister seiner Zeit war, ein Mann verewigte, der in seiner Kunst unstreitig der erste Meister ist: eine Sache, die sich sonst selten beysammen findet.

Unter den Schülern, die Pesne gezogen, ist der noch lebende Herr Glume derienige, der ihm wahre Ehre macht[12]. Denn nach ihm mahlt er das schönste Portrait, worinn Natur, Haltung, Colorit und richtige Zeichnung ist.

Abraham Humbert und Joachim Martin Falbe, Nachrichten von verschiedenen Künstlern, welche von Zeit Friedr. Wilhelms des Großen und denen ihm folgenden Königen, in Berlin gelebt und gearbeitet haben, theils noch leben. In: Carl Friedrich Heinecken, Nachrichten von Künstlern und Kunst-Sachen, Leipzig 1768, S. 70-74[13]).

Antoine Pesne, gebohren zu Paris den 25sten May 1683. Sein Vater Thomas Pesne, von Rouen, war ein Portraitmahler und Schüler von Nicolas Loir, und seine Mutter, Helene de la Fosse, eine Schwester des Mahlers Charles de la Fosse. Sein Großvater Jean Pesne, ist wegen seines Kupferstechens bekannt, und 1700 in 77sten Jahre seines Alters erst zu Paris gestorben. Der junge Pesne genoß sowohl des Unterrichts seines Vaters, als hauptsächlich seines Oncles De la Fosse. Hiernächst reisete er nach Italien, wo er in Venedig besonders mit dem Chevalier Andreas Celesti bekannt ward, dessen Manier ihm sehr muß gefallen haben, wie aus den meisten seiner Werke erhellet; wie wohl er auch bisweilen andere Arten nachgeahmt hat. Zwar war das Portraitmahlen seine Hauptsache: indessen beschäftigte er sich doch auch oft mit historischen Stücken, und hatte in Vorstellungen von Familien-Stücken eine ganz besondere Geschicklichkeit. Das Portrait des Baron von Kniphausen, welches er 1707 in Venedig gemahlt, und welches als ein Meisterstück in der Art gelten kann, brachte ihn eigentlich an den Hof nach Berlin. Denn als Kniphausen nach Hause kam, und dieß Bild dem Könige Friedrich den I. zeigte: so beschloß der Monarch Pesne in seine Dienste aufzunehmen. Unser Künstler war damals in Rom; ehe er aber abreisete, heyrathete er den 5ten Jan. 1710 daselbst, die älteste Tochter des Blumenmahlers Jean Baptiste Garot du Buisson, Namens Anne, und gieng sodann nach Berlin, wo ihm seine junge Frau, nebst zwey Schwestern, drey Brüdern, und ihrem Vater, bald nachfolgte. Daß diese seine Frau schön gewesen, zeigen deren Portraits, so noch vorhanden. Friedrich der I. starb 1713. zum Leidwesen vieler Künstler; Pesne aber blieb in seiner Stelle, und in seinem Ansehen unter den folgenden Regierungen. Daß er eine Reise nach Engeland gethan, und in London den berühmten Chevalier Kneller kennen lernen: solches hat seine gute Richtigkeit, und diese Reise muß vermuthlich nach Friedrich I. Tode geschehen seyn[14]; und wie Humbert sagt, so hat ihn der König Friedrich Wilhelm nach Engeland gesendet, daselbst die königliche Familie zu mahlen. Allein es ist gewiß, daß er in London nichts weiter gemahlt, als das Portrait des Prinzen von Wallis, und seinen Wirth, bey dem er wohnte[45]; folglich hat sich gar nicht lange aufgehalten, sondern ist nach Berlin zurückgekehrt, weil man damals in Engeland keinen Geschmack an seiner Arbeit fand. Er ward in seinem hohen Alter, besonders von den jetzigen Könige, beschäftigt; wie er dann sowohl Plafonds (Man sieht von ihm ein Plafond in Charlottenburg, und eins dergl. in Rheinsberg), als Historienstücke, vor ihn malen muste. Da auch der König, von den vier besten französischen Mahlern vier große Schildereyen verlangte; so ward bey Carl Vanloo des Opfer der Iphigenia, bey Pierre das Urtheil des Paris, bey Restout Bacchus mit Ariadne, und bey Pesne der Raub der Helena zu mahlen, bestellt. Allein Pesne ist mit diesem (Dieß Stück, nehmlich der Raub der Helena, ist auf des Königs Befehl von Hr. Rode geendigt worden.) Bilde nicht fertig geworden, sondern den 5ten Aug. 1757 in Berlin gestorben.

Sein einziger Sohn, der zu Paris den Studien obgelegen, und nach Hause gekommen war, hat ihn in Berlin nicht lange überlebt. Man findet in der Beschreibung der Originalgemählde des ehemaligen Bankiers Eimbkens, so Mathias Oestereich 1761 zu Berlin herausgegeben, besonders artige Anmerkungen über diesen Künstler, und sind daselbst einige seiner vornehmsten Schildereyen angeführet; die Fehler aber, die dort in der Chronologie vorgefallen, werden hier verbessert. Ich will nur noch hinzusetzen, daß viele von seinen Gemählden in Kupfer gestochen sind; wie denn auch Tanje in Amsterdam das Familienstück des Baron von Erlach angefangen, aber an der völligen Vollendung durch den Tod abgehalten worden. Man will auch versichern, daß Pesne zu seinem letzten Stücke, den Raub der Helena, wohl 30 Zeichnungen und Sczizzen gefertiget[16], und es ihm bey seinem hohen Alter, ingleichen bey seinem abnehmenden Gesichte und Leibeskräften, sehr schwer geworden seyn, dieses Bild zu vollenden. Er war auch ein Mitglied der französischen Academie, sowohl in Portrait- als Historienmahlen, und hatte er sein eigenes Familienstück zuerst[17], hernach aber ein Gemählde so die Geschichte von Simson und Delila vorstellete, zur Aufnahme hingesendet. Ueberhaupt war Pesne ein Künstler, der bis an sein Ende fleißig studirte, und ein Sprichwort hatte: durch Suchen findet man. Er hat in Berlin bis 38 Schüler gehabt. Davon sind folgende bekannt:

> J. Philippe Mercier, aus Frankreich, gieng, nachdem er bey Pesne gelernet, nach England, wo er ganz artige Sachen gemahlt, wovon sehr viele in Kupfer, sonderlich in schwarzer Kunst, gestochen sind[18]; er selbst hat auch einige Blätter geätzt.
> Martinet, ein Portrait-Mahler[19].
> Hirte, gebürtig bey Hanau in Hessen, ward daselbst fürstlicher Hofmahler[20].
> Rehfeldt, hatte eine gute Colorit angenommen[21].
> Knospe, diesen hat Pesne selbst fleißig zum Untermahlen gebraucht[22].
> Metzner, aus Osnabrück, eines Leinwandhändlers Sohn, ist einer seiner besten Schüler gewesen, wie denn auch Pesne viel von ihm gehalten; gleichwohl hat dieser Metzner die Mahlerey verlassen und ist ein Kaufmann geworden[23].
> Dinglinger, eines Juweliers Sohn aus Dresden, welcher viel Genie zum Mahlen hatte, der aber frühzeitig gestorben[24].
> Emanuel du Buisson, sein Schwager[25].
> Joachim Martin Falbe, in Berlin[26].
> Johann Gottlieb Glume, in Berlin[27].
> Fridrich Reclam, in Berlin[28].
> Christian Bernhard Rode in Berlin[29].
> Carl Friedrich Thienpond, der sich auf Miniaturmahlen gelegt[30].
> Carl Friedrich King, ist gestorben[31].

Friedrich Nicolai, Nachricht von den Baumeistern, Bildhauern, Kupferstechern, Malern, Stukkaturern und anderen Künstlern welche vom dreyzehnten Jahrhunderte bis jetzt in und um Berlin sich aufgehalten haben ... Berlin, Stettin 1706, S. 101

Antoine Pesne, ward im Jahr 1683 zu Paris geboren, lernte die Mahlerey bey seinem Vater, einem Bildnißmahler, und bey seiner Mutter Bruder dem Geschichtmaler la Fosse. Er ging nach Italien, wo er 1707 in Venedig den Freyherrn von Knyphausen malte, der nach seiner Zurückkunft das Bild dem Könige zeigte, wodurch er 1711 an Augustin Terwestens Stelle, mit 1200 Rthlr. Gehalt, als Hofmaler nach Berlin berufen ward.

Unter Friedrich Wilhelms Regierung, beschäftigte er sich meist mit Bildnissen, die bekanntlich von hoher Schönheit sind, that auch eine Reise nach England. Unter der Regierung K. Friedrichs II., malte er verschiedene Deckenstücke in Potsdam und Charlottenburg, und verschiedene Historienstücke. Auf Befehl des Königs, fing er ein großes Stück, den Raub der Helena an, welches, da er es nach seinem 1757 erfolgten Tode unvollendet hinterließ, von B. Rode geendigt worden ist. (Es stehet im neuen Schlosse bey Sanssouci). Er hat viel Schüler gehabt. Man zählt an 46.

Anmerkungen

1) Matthias Oesterreich (1716 — 1778), Maler, Radierer, Kunstschriftsteller, wurde 1757 Direktor der Gemäldegalerie in Sanssouci. Vorher war er in Dresden tätig gewesen. Bemerkenswert ist an seiner biographischen Skizze die Spärlichkeit und Fehlerhaftigkeit der mitgeteilten Fakten.
2) Pesne wurde 1683 geboren.
3) Der hier genannte Kupferstecher Jean Pesne (1623 — 1700) war der Großvater von Antoine.
4) Die Reise nach England fand erst 1723 statt. Oesterreich war ein Enkel Knellers und nahm hier die Gelegenheit wahr, seinen Großvater zu rühmen, der jedoch bereits kurz vor der Ankunft Pesnes gestorben war.
5) Tafel 7.
6) Pesne wurde erst 1710 nach Berlin berufen.
7) Das Bild befindet sich in Leningrad. Eine Skizze dazu bewahrt die Gemäldegalerie Berlin-Dahlem.
8) Gemeint ist das Konzertzimnmer, Tafel 98 — 100.
9) Tafel 118.
10) Tafel 110 — 112.
11) Tafel 33, 35, 36.
12) Johann Gottlieb Glume (1711 — 1778)
13) Abraham Humbert (1689 — 1761) war Ingenieurmajor und Mitglied der Akademie der Wissenschaften. Nach seinem Tod hat der Porträtmaler Joachim Martin Falbe (1709 — 1782), ein Schüler Pesnes, die Notizen Humberts ergänzt.
14) Vgl. Anm. 4
15) Aus der englischen Zeit ist lediglich ein Bildnis des Prinzen William August Herzog vom Cumberland mit seiner Schwester Mary im Museum in Malmö erhalten, das Berckenhagen (1958, Nr. 17aa) als Bildnis des Prinzen August Wilhelm von Preußen mit seiner Schwester Amalie anführt. Er bezweifelt jedoch bereits die traditionelle Benennung.
16) Tafel 118.
17) Tafel 33, 35, 36.
18) Philippe Mercier (1685 — 1763) war seit 1716 in London tätig und seit 1727 englischer Hofmaler.
19) Nicht nachweisbar.
20) Vermutlich handelt es sich um einen Nachkommen von Michael Conrad Hirt, der 1645 bis vor 1683 kurbrandenburgischer Hofmaler war. Dessen Sohn Friedrich Christoph (1685 — 1763) war seit 1717 zunächst hauptsächlich als Porträtmaler in Frankfurt tätig und malte in der Manier Largillières.
21) Nicht nachweisbar.
22) Nicht nachweisbar.
23) Nicht nachweisbar.
24) Es handelt sich vermutlich um einen Sohn des um 1722 von Pesne porträtierten Hofjuwelier August des Starken Johann Melchior Dinglinger (1664 — 1731), der als Maler nicht nachgewiesen werden kann.
25) Emanuel Dubuisson (1699 — 1785)
26) Joachim Martin Falbe (1709 — 1782)
27) Johann Gottlieb Glume (1711 — 1778)
28) Friedrich Reclam (1734 — 1774)
29) Christian Bernhard Rode (1725 — 1797)
30) Carl Friedrich Thienpondt (1730 — 1796)
31) Carl Friedrich King (um 1708 — 1738)

Biographische Daten

1683, 23. Mai	Geburt in Paris als Sohn des Malers Thomas Pesne
um 1700	Schüler seines Vaters, von Charles de la Fosse und der Pariser Akademie
1703	"Premier prix" (Rompreis) der Pariser Akademie
1705 — 1710	Studienaufenthalt in Rom und Venedig
1710, 5. Januar	Vermählung mit Ursule-Anne Dubuisson
1710	Übersiedlung nach Berlin
1711, 6. Mai	Bestallung als preußischer Hofmaler
1713, 25. Februar	Tod Friedrichs I. und Regierungsantritt Friedrich Wilhelms I.
1715	für den Fürsten Leopold von Anhalt-Dessau in Dessau tätig
1718	für August den Starken in Dresden tätig
1720, 27. Juli	Aufnahme in der Pariser Akademie
1723	Reise nach Hannover, Paris und London
1724, Mai	Rückkehr nach Berlin
1728 oder 1729	Kurzer Aufenthalt in Dresden
1732	Einzug der Familie Pesne in das de Règesche Haus hinter dem Packhof am Friedrichswerder
1740, 31. Mai	Tod Friedrich Wilhelms I. und Regierungsantritt Friedrichs des Großen
1747	Hausbau in Berlin, Oberwallstraße 5
1757, 28. Juni	Tod der Königin Sophie Dorothea
1757, 5. August	Tod Pesnes in Berlin

Literaturhinweise

Paul Seidel, Bildnisse von Mitgliedern des Theaters Friedrichs des Großen. In: Hohenzollern-Jahrbuch 16, 1912, S. 218 — 227

Paul Seidel, Friedrich der Große und die bildende Kunst, Leipzig 1922, 2. Aufl. 1924

Antoine Pesne, Ausstellung aus Berliner Privatbesitz, Berlin 1926, Galerie Goldschmidt-Wallerstein

Pierre du Colombier, Antoine Pesne. In: Louis Dimier, Les peintres francais du 18e siècle, Paris Bruxelles 1930, Bd. 2, S. 291 — 325

Charles F. Foerster, Antoine Pesne 1683 — 1757. Katalog zur Ausstellung in den historischen Wohnräumen des Berliner Schlosses, Berlin 1933

Arnold Hildebrand, Bei Friedrich dem Großen im Schloß Charlottenburg. Zu den neuentdeckten Wandbildern im Stil des Antoine Pesne. In: Atlantis 6, 1934, S. 436 — 443

Walter Holzhausen, Pesne und seine Beziehungen zu August dem Starken. In: Zeitschrift für Kunstgeschichte 9, 1940. S. 49 — 65

Arnold Hildebrand, Das Bildnis Friedrichs des Großen. Zeitgenössische Darstellungen, Berlin und Leipzig 1940, 2. Aufl. 1942

Götz Ekhardt, Antoine Pesne. Gedächtnis-Ausstellung zum 200. Todestag am 5. August 1757, Potsdam-Sanssouci 1957

Georg Poensgen und Ekhart Berckenhagen, Antoine Pesne. Kataloge der Gedächtnisausstellung zum 200. Todestag im Schloß Charlottenburg, Berlin 1957

Ekhart Berckenhagen, Pierre du Colombier, Margarete Kühn und Georg Poensgen, Antoine Pesne, Berlin 1958

Ekhart Berckenhagen, Nachträge zum Oeuvre Antoine Pesnes. In: Zeitschrift für Kunstwissenschaft 14, 1961, S. 181 — 200

Götz Ekhardt, Antoine Pesne. Farbige Gemäldewiedergaben, Leipzig 1963

Andrzej Ryszkiewicz, Antoine Pesne. Uwagi w zwiazku z monografia artysty. In: Studia Muzealne 4, 1964, S. 78 — 90

Helmut Börsch-Supan, Die Erwerbstätigkeit der Verwaltung der Staatlichen Schlösser und Gärten in Berlin seit 1945. In: Schloß Charlottenburg — Berlin — Preußen. Festschrift für Margarete Kühn, München Berlin 1975, S. 23 — 102

Helmut Börsch-Supan, Antoine Pesne and his school. In: Apollo 106, 1977, S. 112 — 117

Helmut Börsch-Supan, Die Kunst in Brandenburg-Preußen. Ihre Geschichte von der Renaissance bis zum Biedermeier dargestellt am Kunstbesitz der Berliner Schlösser, Berlin 1980

Helmut Börsch-Supan, Die Gemälde Antoine Pesnes in den Berliner Schlössern. Aus Berliner Schlössern. Kleine Schriften VII, Berlin 1982

Gerd Bartoschek, Antoine Pesne 1683 — 1757, Ausstellung zum 300. Geburtstag, Potsdam-Sanssouci 1983